— sem
sufoco —

CÉSAR FRAZÃO | FRANCO JUNIOR

sem sufoco

COMUNICAÇÃO E PERSUASÃO EM VENDAS

ALCANÇANDO **GRANDES** TRANSFORMAÇÕES COM **O PODER DA FALA**

ALTA BOOKS
EDITORA
Rio de Janeiro, 2021

Sem Sufoco

Copyright © 2021 da Starlin Alta Editora e Consultoria Eireli.
ISBN: 978-65-5520-132-1

Todos os direitos estão reservados e protegidos por Lei. Nenhuma parte deste livro, sem autorização prévia por escrito da editora, poderá ser reproduzida ou transmitida. A violação dos Direitos Autorais é crime estabelecido na Lei nº 9.610/98 e com punição de acordo com o artigo 184 do Código Penal.

A editora não se responsabiliza pelo conteúdo da obra, formulada exclusivamente pelo(s) autor(es).

Marcas Registradas: Todos os termos mencionados e reconhecidos como Marca Registrada e/ou Comercial são de responsabilidade de seus proprietários. A editora informa não estar associada a nenhum produto e/ou fornecedor apresentado no livro.

Impresso no Brasil — 1ª Edição, 2021 — Edição revisada conforme o Acordo Ortográfico da Língua Portuguesa de 2009.

Erratas e arquivos de apoio: No site da editora relatamos, com a devida correção, qualquer erro encontrado em nossos livros, bem como disponibilizamos arquivos de apoio se aplicáveis à obra em questão.

Acesse o site www.altabooks.com.br e procure pelo título do livro desejado para ter acesso às erratas, aos arquivos de apoio e/ou a outros conteúdos aplicáveis à obra.

Suporte Técnico: A obra é comercializada na forma em que está, sem direito a suporte técnico ou orientação pessoal/exclusiva ao leitor.

A editora não se responsabiliza pela manutenção, atualização e idioma dos sites referidos pelos autores nesta obra.

Produção Editorial
Editora Alta Books

Gerência Comercial
Daniele Fonseca

Editor de Aquisição
José Rugeri
acquisition@altabooks.com.br

Produtores Editoriais
Maria de Lourdes Borges
Thales Silva
Thiê Alves

Marketing Editorial
Livia Carvalho
Gabriela Carvalho
Thiago Brito
marketing@altabooks.com.br

Equipe de Design
Larissa Lima
Marcelli Ferreira
Paulo Gomes

Diretor Editorial
Anderson Vieira

Coordenação Financeira
Solange Souza

Produtor da Obra
Illysabelle Trajano

Equipe Ass. Editorial
Brenda Rodrigues
Caroline David
Luana Rodrigues
Mariana Portugal
Raquel Porto

Equipe Comercial
Adriana Baricelli
Daiana Costa
Fillipe Amorim
Kaique Luiz
Victor Hugo Morais
Viviane Paiva

Atuaram na edição desta obra:

Revisão Gramatical
Fernanda Lutfi
Alessandro Thomé

Diagramação
Joyce Matos

Capa e Projeto Gráfico
Paulo Gomes

 Ouvidoria: ouvidoria@altabooks.com.br

Editora afiliada à:

Dados Internacionais de Catalogação na Publicação (CIP) de acordo com ISBD

F848s   Frazão, Cesar
         Sem Sufoco: alcançando grandes transformações com o poder da fala / Cesar Frazão, Franco Junior ; - Rio de Janeiro : Alta Books, 2021.
         224 p. : il. ; 16cm x 23cm.
         Inclui bibliografia.
         ISBN: 978-65-5520-132-1
         1. Oratória. 2. Fala. 3. Poder da fala. Comunicação. I. Franco Junior. II. Título.
                                                      CDD 808.51
2021-3339   CDU 808.51

Elaborado por Vagner Rodolfo da Silva - CRB-8/9410

Rua Viúva Cláudio, 291 — Bairro Industrial do Jacaré
CEP: 20.970-031 — Rio de Janeiro (RJ)
Tels.: (21) 3278-8069 / 3278-8419
www.altabooks.com.br — altabooks@altabooks.com.br

ELOGIOS À OBRA

Recomendo a leitura do livro *Sem Sufoco*. Reparei ao longo dos anos que muitas carreiras não decolam simplesmente porque as pessoas têm dificuldades em se comunicar bem, portanto, falar bem é fundamental para o sucesso.

Este livro aumentou a autoconfiança da minha equipe de vendas e melhorou os resultados da minha empresa. É de suma importância termos uma boa oratória para expressarmos nossas ideias e opiniões, estabelecermos bons relacionamentos e fecharmos boas negociações.

— *Jair Faustino Vida,* sócio da JFV Eventos Empresariais

Para ter sucesso em vendas e nos negócios de um modo geral, é fundamental quebrar o paradigma do medo de falar em público. Transmitir a mensagem com clareza faz com que o comprador tenha segurança em seu discurso, trazendo assim o fechamento de muitos novos negócios.

Portanto, não fique aprisionado. Experimente o sabor da boa oratória e aprenda a se comunicar bem. Este, para mim, é o melhor, mais completo e mais prático livro de todos os tempos sobre a arte de falar em público e se comunicar bem.

Leia, aplique suas técnicas e terá muito sucesso nos negócios.

— *Décio Marchi Júnior*, sócio-fundador da Via Certa Cursos Profissionalizantes

Franco e Frazão, com sua larga expertise em vendas e comunicação, trazem em *Sem Sufoco* um manual prático e certeiro de como melhorar a oratória e a persuasão para quem quer vender — e, no fim das contas, todo mundo que está no mercado vende algo. A importância da boa comunicação em um processo de venda foi algo que tive que aprender de forma empírica e com muito esforço, quando, aos 8 anos de idade, comecei a vender laranjas de porta em porta, partindo depois para os picolés. Precisava ajudar a minha família, à época muito pobre. Foi aí que percebi o valioso poder de me comunicar bem. Busquei, então, desenvolver essa habilidade ao longo da minha vida, e mesmo sendo bastante tímido, considero que pude aprender, com a ajuda de muitas pessoas, como me expressar melhor, o que me favoreceu em meus empreendimentos.

Em um mundo tecnológico e digital, em que as tecnologias de comunicação são ferramentas poderosíssimas, saber utilizá-las para transmitir sua mensagem da melhor forma é também aumentar suas chances de sucesso. Isso vale não só para empreendimentos, mas para cada pessoa em si. Hoje, todos somos marcas e precisamos nos vender. Saber como portar-se diante de uma plateia ou uma audiência virtual é uma condição para a sobrevivência em um mercado de trabalho que tem se tornado cada vez mais competitivo. Neste livro, o leitor pode aprender como melhorar sua comunicação de forma global, atingindo com maior eficácia seu público.

— *Janguiê Diniz*, fundador e presidente do Conselho de Administração do grupo Ser Educacional; presidente do Instituto Êxito de Empreendedorismo

APRESENTAÇÃO

Os autores deste maravilhoso livro estão ajudando vendedores, gestores, administradores, investidores e principalmente empreendedores na área comercial e de vendas. São empreendedores da vida, pessoas que realmente saem de casa com o objetivo claro de impactar a vida dos outros. Eles saem de manhã para fazer a diferença fornecendo, recebendo, negociando e conquistando outras pessoas.

O título já indica que este livro é uma oportunidade de sair do "sufoco" após sua leitura. Você aprenderá como lidar com as pessoas, como fazer uma venda conquistando pessoas, e não apenas vendendo o produto, além de entender como estruturar sua fala, como criar uma comunicação saudável e como desenvolver empatia.

Conquistar o outro tem tudo a ver com vendas, com o que está descrito neste livro. Mas muito mais importante do que isso, não é o currículo, a teoria, o que os autores estudaram ou fizeram em sua carreira, e sim o que os autores vivem.

Como nós estamos sempre muito próximos, eu percebo o quanto eles têm de informação, de conteúdo e de conhecimento. E hoje, o conhecimento é a melhor ferramenta para você fazer a diferença no meio em que vive, para que construa uma trajetória e deixe um legado, para que se torne um vendedor de ponta. Não só um vendedor de produtos, coisas ou serviços, mas uma pessoa preparada, estruturada e que consiga se comunicar sem ansiedade e insegurança, ou seja, sem passar sufoco. Portanto, uma pessoa mais preparada para definitivamente conquistar pessoas.

Quando você conquista uma pessoa, o cliente se torna próximo, quase como um amigo. E ele não deixará se levar por qualquer pequena diferença, oferta ou brinde oferecido por um concorrente qualquer.

Então eu acredito muito no poder de impactar, influenciar e contagiar as pessoas quando você é de verdade, quando você está realmente preparado para se aproximar e fazer uma comunicação à altura de conquistar uma pessoa para que ela se torne um cliente.

E com esta obra, vocês têm uma oportunidade única de se informar, aprender técnicas e movimentos e desvendar comportamentos mentais e físicos de seus clientes.

Tenho orgulho de participar desta obra, de estar aqui colocando um pouquinho, não do que eu penso, vivi ou li, mas do que eu consigo vivenciar a partir do que eles fazem no dia a dia pelas pessoas. E agora fico muito feliz que eles tenham colocado isso no papel, neste livro que permite que você faça uma excelente leitura. E com certeza, ao terminá-lo, você se sairá melhor nas vendas. De empreendedor para empreendedor, ótima leitura.

– Geraldo Rufino é empreendedor, palestrante, escritor e proprietário da JR Diesel

A grande verdade que todo profissional precisa saber — seja ele da área de vendas ou não — é que quem não se comunica não vende. E se não vende, fica difícil ter sucesso.

Se você não vende seu produto ou serviço, não tem resultados; se não vende bem sua imagem, não tem credibilidade; se não vende sua visão de valores e sua ética para as pessoas ao seu redor, não tem amigos, colaboradores, parceiros e nem quem confie em você.

Vender é fundamental, em toda e qualquer área da vida. A comunicação é essencial para todo e qualquer relacionamento humano. Então é preciso aprender a se comunicar para poder vender melhor. É preciso juntar essas duas habilidades para obter os melhores resultados.

A boa comunicação é especialmente importante nas vendas. E entre todos os tipos de comunicação, um dos que considero fundamental é a fala. A maneira como nos expressamos diante das pessoas diz muito sobre nós mesmos e determina se teremos sucesso ou não nos nossos propósitos.

Sabendo disso, César Frazão e Franco Junior uniram seus conhecimentos em oratória e vendas para escrever um livro cheio de técnicas práticas para o dia a dia. Um livro focado em comunicação e persuasão em vendas, com técnicas incríveis para você alcançar grandes transformações em sua vida, e em seus resultados, usando o poder da fala.

César Frazão é palestrante, especialista em vendas e liderança. Franco Junior é palestrante, mentor e referência em comunicação verbal. São dois grandes amigos meus, que acompanho há muito tempo. Acima de tudo, são pessoas que usam todo seu conhecimento para impactar e promover mudanças na vida das pessoas.

Em *Sem Sufoco*, Franco e Frazão unem oratória e vendas. Nesta obra, os autores somam suas experiências de décadas de cursos, palestras e mentorias para criar um verdadeiro passo a passo voltado para o sucesso do vendedor. A proposta que eles trazem é fazer acontecer uma transformação na forma como o vendedor prepara suas falas e como ele aplica sua comunicação no momento da venda, seja presencial ou não. É um livro inovador, que foca a oratória usando técnicas específicas para vendas.

Com este livro, você transformará o medo de falar em oportunidades incríveis, porque ninguém precisa ficar refém do medo de falar em público. Aprenderá técnicas totalmente objetivas e assertivas de comunicação pela fala, assim como entenderá e aprenderá a usar a verdadeira força das palavras. Compreenderá também os diversos tipos de públicos e aprenderá a falar da maneira adequada para cada um deles, descobrindo, dessa forma, como fazer da persuasão uma experiência transformadora.

Com o conteúdo que César Frazão e Franco Junior trazem neste livro, você descobrirá os segredos dos maiores oradores do mundo e dos vendedores mais bem-sucedidos da história. E se tornará uma estrela nos palcos, nas reuniões da empresa, nos grupos de conversa descontraída e no trato com seu cliente, um a um.

Não existem desculpas. Embarque agora mesmo nesta viagem de aprimoramento pelas páginas deste livro. Afinal, é o seu sucesso que está em jogo. E eu tenho certeza de que você não deixará essa oportunidade passar.

Um grande abraço, e boa leitura!

— *Edgar Ueda* *é fundado da Neximob, idealizador do Inside Imob e sócio-fundador do Instituto Êxito. Além disso, é palestrante e autor dos livros* Kintsugi, Desvendando a Caixa Preta do Sucesso *e* O Poder do Método. *@edgaruedaoficial*

PREFÁCIO

A comunicação é parte essencial da nossa vida, e isso não seria diferente na área de vendas.

Aqueles que têm dificuldades em se comunicar adequadamente também comprometerão seus resultados nas vendas.

Comunicar-se bem não é apenas ter um vocabulário rebuscado. Fazer com que os outros o entendam é essencial.

Para isso, é preciso ter domínio sobre o que falará, saber organizar suas ideias e, acima de tudo, entender qual é a melhor forma de se comunicar com cada tipo de pessoa, pois esse processo de comunicação envolve no mínimo duas pessoas. Comunicar-se bem é garantir que o outro lado entenda perfeitamente o que você está falando. É falar a língua do seu público.

Uma boa capacidade de comunicação é essencial para construir boas relações e impulsionar o crescimento pessoal e profissional.

Nossa vida exige estarmos em comunicação o tempo todo, seja no trabalho, em casa ou com amigos.

Tudo gira ao redor da comunicação, ressaltando a importância de sabermos nos comunicar.

A comunicação é tão poderosa, que, desde a nossa infância, somos impactados pelos melhores comunicadores que conhecemos.

O melhor professor nunca foi o mais qualificado tecnicamente, mas o melhor comunicador, aquele que era capaz de passar as informações de maneira clara e que usava técnicas adequadas.

Apesar de sua importância, nem todos conseguem dominar a arte da comunicação e persuasão no ambiente de vendas.

Quem não tem facilidade de se expressar acaba se deparando com fatores negativos, que são muito prejudiciais. Fatores esses que envolvem insegurança, porque as pessoas têm medo de falar e não ser compreendidas, gerando problemas de interpretação, conflitos etc.

Quem não sabe se comunicar, por qualquer motivo, geralmente acredita que não deve se arriscar expressando suas ideias ou sentimentos, e é comum que as pessoas com essa dificuldade prefiram se manter no anonimato.

Isso é um problema muito grande no setor de vendas porque quem não se comunica não vende.

A falta de habilidade de comunicação faz com que as pessoas percam grandes oportunidades, tudo isso porque comunicar-se bem gera credibilidade.

Quando você é claro e demonstra conhecimento, faz com que seu público, seja ele de uma ou de mil pessoas, acredite em você.

Mas não fique apavorado.

Você está muito enganado se pensa que se expressar bem não é para todos!

É claro que muita gente nasce com uma maior facilidade, mas se você não é uma dessas pessoas, não entre em pânico.

A boa notícia é que existem técnicas que te ajudarão a aprimorar todo seu processo de comunicação e sua capacidade de convencer as pessoas.

Dominar essas técnicas será fundamental para aumentar seus resultados.

Nesta obra, César Frazão e Franco Junior conseguiram abordar, de forma prática, os principais pontos envolvendo essa questão.

Nas próximas páginas, eles mostram tudo o que você precisa fazer para vencer esse desafio e aprimorar sua persuasão nas vendas.

Neste livro, você aprenderá como utilizar os recursos a sua disposição, lidar com a timidez, explorar o humor e roteirizar de forma assertiva. Sem dúvida, é uma obra que fará a diferença no seu aprendizado.

Invista na sua comunicação, aprenda como convencer as pessoas e tenha certeza de que terá grandes resultados nas suas vendas.

— Anderson Hernandes, sócio-fundador da Tactus Marketing Contábil

sumário

parte UM — MEDOS E OPORTUNIDADES

1. POR QUE O MEDO DE FALAR EM PÚBLICO É O MAIOR DE TODOS OS MEDOS DA HUMANIDADE, **3**
2. VOCÊ GANHARÁ MUITO MAIS DINHEIRO SE FALAR BEM, **11**
3. O CAMINHO PARA O SUCESSO. INVISTA EM VOCÊ, **19**
4. É POSSÍVEL SER QUIETO, TÍMIDO E FALAR BEM EM PÚBLICO?, **27**
5. COMO DISSIPAR A ADRENALINA E TER AUTOCONTROLE NA FALA, **33**
6. A QUÍMICA DO SUCESSO. CONTEÚDO E HUMOR NA DOSE CERTA, **39**
7. COMO VENDER SUA IDEIA PARA GRUPOS DE PESSOAS, **45**

parte DOIS — COMO CONSEGUIR TÉCNICAS

8. O PODER DA FALA COMEÇA COM UM BOM ROTEIRO, **53**
9. APRENDA A USAR OS RECURSOS CORRETAMENTE, **65**
10. DOMÍNIO DE PALCO, SALA E LOCAL DE VENDAS, **75**
11. COMO FAZER UMA APRESENTAÇÃO DE IMPACTO E INFLUENCIAR PESSOAS, **81**

12 · TÉCNICAS DE ORATÓRIA. COMO "SE VENDER" E SAIR DA GUERRA DE PREÇOS, **91**

13 · A FORÇA DAS PALAVRAS, TOM DE VOZ E GESTOS, **101**

14 · ADMINISTRAÇÃO DO TEMPO DA FALA. SEJA ESPERTO, MENOS É MAIS, **109**

15 · CONTAR HISTÓRIAS. O SEGREDO DOS MAIORES ORADORES DO MUNDO, **115**

parte TRÊS
EXPERIÊNCIA E PERSUASÃO

16 · O INCRÍVEL "CASE" BARACK OBAMA, **125**

17 · OS DEZ PRINCIPAIS ERROS A EVITAR, **133**

18 · OS DEZESSETE CONSELHOS QUE FARÃO VOCÊ GANHAR DINHEIRO FALANDO EM PÚBLICO, **145**

19 · COMO FALAR E CONVENCER CLIENTES CINESTÉSICOS, VISUAIS E AUDITIVOS, **157**

20 · ENTENDA E USE GATILHOS MENTAIS DE COMUNICAÇÃO PARA PERSUADIR, **165**

21 · TORNE SUA PERSUASÃO MAIS FORTE AINDA, **173**

22 · A IMPORTÂNCIA DO SONO NA ORATÓRIA, **179**

23 · DEIXE O MELHOR PARA O FINAL. "GRAN FINALE", **187**

24 · NASCE UMA ESTRELA, **193**

AVISO

Ao final de cada capítulo, você poderá visualizar um conteúdo extra online acessando um QR Code, como neste exemplo a seguir:

Acesse e veja o conteúdo extra exclusivo dos capítulos:

DEDICATÓRIAS

Dedico este livro a todas as pessoas que escolheram ganhar a vida honestamente por meio da fala, seja vendendo produtos, serviços ou ideias. E às pessoas mais importantes da minha vida: minha querida mãe, Dona Ligia, minha linda esposa, Neliane, meus três amados filhos, Leticia, César e Samara, e a meus irmãos, Claudia e Daniel. Amo vocês!

— César Frazão

Vivo das palavras. Das verbalizadas. Mas quando começo a lançar no papel os sentimentos que tenho por tantos membros da família, time e amigos, sinto-me sufocado pela dificuldade. É quase impossível optar por uma procedência, já que foi um verdadeiro esforço de equipe desde o início. Dedico este livro aos meus pais, Luiz e Nazira, à minha família, à minha esposa, Sandra, ao meu time e a todas as pessoas que entendem o quão importante é a comunicação na jornada em busca do sucesso!

– *Franco Junior*

AGRADECIMENTOS

Agradeço em especial ao meu amigo e empresário de sucesso Jair, diretor da JFV Eventos, pela fiel amizade de mais de vinte anos e por proporcionar esse elo entre mim e o Franco e abrir tantas portas em minha vida em Minas Gerais. E a Deise, meu braço direito que cuida do meu dia a dia, responsável pelo sucesso de todos os meus clientes e trabalhos. O César Frazão não existiria sem vocês. Muito Obrigado!

— César Frazão

Ninguém escreve um livro sozinho. Foi o que aconteceu com estas páginas. Embora subscritas por mim, elas aconteceram graças ao carinho, à dedicação, colaboração e compreensão de várias pessoas. Há sempre um time de pessoas generosas e dispostas a ajudar.

Ao meu padrinho editorial, César Frazão, que me convidou para esta incrível jornada. Ao time da editora Alta Books, que me ajudou a transformar minha experiência em palcos nas páginas deste livro.

Quero agradecer também a todas as pessoas que sonham em criar um mundo mais comunicativo e a levar o movimento #COMUNICAR transforma cada vez mais longe e deixá-lo mais forte e presente.

Este livro é de vocês.

– Franco Junior

SOBRE OS AUTORES

CÉSAR FRAZÃO é um dos palestrantes de vendas mais contratados do país e uma das autoridades mais reconhecidas quando o assunto é vendas. Sua experiência é extensa. Já atuou em praticamente todo o Brasil e em vários outros países e realizou mais de 2 mil palestras e treinamentos, além de ser escritor e autor de dezoito livros sobre vendas.

MINHAS REDES:

- www.cesarfrazao.com.br
- @cesarfrazaovendas
- @palestrantecesarfrazao
- @Palestrantecesarfrazao

FRANCO JUNIOR é comunicador e pesquisador da comunicação humana. Como palestrante, é um dos profissionais mais contratados do Brasil. Atua como mentor de empresários, gestores, líderes e outros palestrantes que buscam o aperfeiçoamento de habilidades comunicativas, além de ser o criador do método PAC — Programa Avançado de Comunicação —, que já possibilitou que milhares de pessoas se tornassem comunicadores de sucesso.

MINHAS REDES:

- www.francojunior.com.br
- @francojuniorpalestrante
- @francojuniorpalestrante
- @francocomunicacao

WWW.SEMSUFOCOOFICIAL.COM.BR

MENSAGEM DOS AUTORES

Belo Horizonte, MG, 18 de junho de 2019. Sentado no confortável sofá apreciando um bom vinho na suíte Master do tradicionalíssimo e majestoso hotel Ouro Minas após uma brilhante palestra com uma hora de duração para quase mil pessoas em um importante congresso de vendas produzido por uma das maiores organizadoras de eventos do país, a JFV Eventos.

Refletindo sobre o sucesso da palestra. O público em êxtase aplaudindo de pé, o cliente satisfeito, e muitas fotos e autógrafos ao final. Uma doce sensação de vitória misturada com dever cumprido e missão realizada. Aproveito a reflexão para agradecer a Deus por toda esta vida maravilhosa de riqueza, conforto e luxo, fruto da oratória, do simples ato de falar em público. Por favor, não leve a mal, não quero passar a imagem de uma pessoa arrogante e metida, pois quem me conhece pessoalmente sabe que sou simples e preservo hábitos humildes na minha vida pessoal, apesar da fama. Meu objetivo é mostrar a você que, além de apenas falar bem na frente de pessoas desconhecidas, ou mesmo do seu círculo de amizades, se você dominar a oratória, poderá sair da multidão e ganhar muito dinheiro com isso.

O relógio marcava 23h05min quando decidi escrever este novo livro *Sem Sufoco. Comunicação, Persuasão e Vendas. Alcançando grandes transformações com o poder da fala*, contando e ensinando tudo o que aprendi sobre a arte de falar em público e emocionar pessoas para que aqueles que desejam também possam conquistar uma vida boa de conforto e alegria baseada no poder da fala.

Sou palestrante profissional, vivo de falar em público, não tenho outra atividade econômica e conquistei uma vida de conforto e riqueza por meio da fala, do poder da palavra. Mas nem sempre foi assim...

Minha origem foi em uma família humilde e simples, estudei em escolas públicas e cresci em um bairro pobre na periferia de São Paulo. Assim como a maioria das pessoas, também morria de medo de falar em público. Para você ter uma ideia, tinha medo até mesmo de responder à lista de presença na sala de aula e chamar o amigo secreto na brincadeira de fim de ano. Era uma verdadeira tortura para mim. Portanto, se eu consegui, tenho certeza de que você também consegue.

Esta obra foi escrita por dois palestrantes de grande destaque nacional que tinham medo de falar em público. Imagine uma criança de apenas 10 anos, na frente da classe, em pé, com todos os amigos observando e a professora à espera da sua leitura em voz alta.

No entanto, as pernas tremem, a voz não sai, a criança volta para sua carteira totalmente muda e carrega por toda a vida o trauma de falar em público. Essa criança poderia ser você, ou tantos outros que viveram essa experiência tão difícil quanto triste. Mas neste caso, confesso que a criança tímida que lutou para vencer seus traumas era eu. Estudei jornalismo, virei radialista, profissão que ainda exerço com muito orgulho, acabei me especializando em técnicas de oratória e hoje sou palestrante. Sobre o que eu falo? Justamente sobre esse tema. E aquilo que para mim parecia impossível acabou se tornando, mais que um novo caminho profissional, uma verdadeira missão, a de ensinar quem não sabe ou tem medo de falar em público.

Não importa se falará em um auditório cheio com centenas ou milhares de pessoas, em uma pequena sala de aula, em um treinamento para sua equipe na empresa ou se argumentará em uma reunião de diretoria. Se você não falar bem, estará morto profissionalmente.

A vida é uma venda. Estamos sempre vendendo algo a alguém: produtos, serviços, ideias ou a nossa própria imagem para conquistar algo como uma promoção ou a pessoa desejada. Seja qual for a sua necessidade, sabemos que, para conquistar o que quer, a oratória será fundamental na sua vida.

AVISO: Este livro não é indicado para aqueles que querem permanecer às margens da corporação, sem conquistar suas metas e realizar seus sonhos.

parte UM

MEDOS E OPORTUNIDADES

capítulo UM

POR QUE O MEDO DE FALAR EM PÚBLICO É O MAIOR DE TODOS OS MEDOS DA HUMANIDADE

> "Acredite que você pode, assim você já estará no meio do caminho."
> – *Theodore Roosevelt*

No mercado, existem diversos cursos sobre **como perder o medo de falar em público** que fazem as mais variadas e criativas promessas, desde "consiga fazer amigos em uma festa" a "torne-se um palestrante de sucesso e fique rico".

Achamos tudo isso uma grande bobagem, porque, na verdade, o título do curso está errado. Você não perderá o medo de falar em público, mas aprenderá a dominá-lo.

O medo é um fator importante porque nos leva a estudar e nos preparar para não errar. O medo é aliado da perfeição. Mas **o medo não pode ser maior que o objetivo da fala e que a sua ambição de vencer na vida.**

Apesar de a comunicação ser algo relativamente simples, a coisa se complica quando você tem que falar ou vender uma ideia para um grupo de pessoas, principalmente se forem desconhecidas, pessoas que você nunca viu e, portanto, com quem não tem nenhum tipo de intimidade.

Uma pesquisa do tradicional jornal inglês *Sunday Times* realizada com 3 mil pessoas cuja pergunta era "Qual o seu maior medo?" resultou nas seguintes respostas:

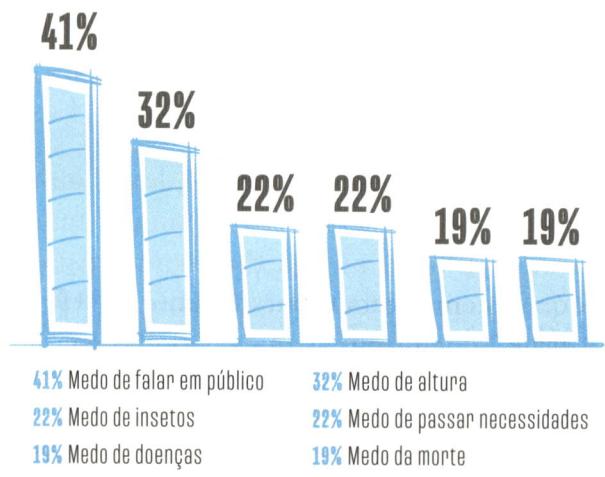

41% Medo de falar em público
32% Medo de altura
22% Medo de insetos
22% Medo de passar necessidades
19% Medo de doenças
19% Medo da morte

Com base nesta pesquisa, é possível notar que as pessoas preferem morrer a ter que falar em público.

São muitas as pesquisas existentes sobre esse assunto. Uma delas, realizada com 10 mil australianos, mostrou que 1/3 dos entrevistados afirmam entrar em pânico e preferir perder o emprego a ter que enfrentar um microfone para falar para todos os funcionários em uma convenção da empresa, por exemplo.

Se falar em público é uma tarefa difícil, imagine então convencer pessoas por meio das palavras. Sim, porque, nas pesquisas, falamos somente sobre falar em público, e não em alto nível de persuasão.

Quantas vezes você não perdeu o sono à noite ao saber que teria que falar em uma reunião, em uma apresentação na empresa, no colégio ou na igreja?

Talvez você esteja pensando: para vocês é fácil falar em público, vocês são palestrantes famosos que discursam sobre vendas, comunicação e motivação para milhares de pessoas todos os meses. Mas gostaria de ressaltar que nem sempre foi assim.

Era uma vez, no fim dos anos 1990, quando eu estava iniciando a carreira de vendedor. Eu era muito tímido e tinha uma autoconfiança baixa, ou seja, duas características que um bom vendedor não podia ter.

Recebi um cadastro com cerca de trinta empresas para visitar e tentar vender nosso produto. Na ocasião, eu vendia anúncios nas listas telefônicas, algo que os mais jovens nunca viram.

Quando cheguei ao endereço da minha primeira visita, me deparei com uma empresa enorme e imponente. Olhei para a ficha cadastral com um pouco mais de atenção, e o cargo da pessoa que eu deveria procurar era o de diretor-geral. Na hora, meu coração acelerou, e comecei a sentir dor de barriga. Pensei: "Deus me livre! Como eu poderei falar com uma pessoa tão importante assim!"

Enfim, tinha que fazer minha visita, para constar no relatório de vendas, então saí do carro e, enquanto caminhava para a portaria, repetia em voz baixa, como se fosse um mantra: *to-*

mara que ele não esteja, tomara que ele não esteja, tomara que ele não esteja.

Vejam só a que ponto chega a timidez de um vendedor. Eu precisava vender para sustentar minha família, mas o medo de falar em público, da crítica e do julgamento eram tão grandes, que eu torcia contra mim mesmo.

Hoje, aprendi, e você também poderá aprender a dominar esse medo e seguir seu destino rumo ao sucesso.

Para muitos, até mesmo a confraternização de fim do ano, quando as empresas fazem a brincadeira de amigo secreto, amigo oculto, amigo da onça (o nome varia de acordo com a cultura regional ou o objetivo da brincadeira) pode se tornar um verdadeiro sofrimento. Para algumas pessoas, o momento em que precisam ir à frente e falar o nome de quem tiraram está muito longe de ser divertido e agradável, tornando-se um tormento.

Meu conselho é: **Relaxe, não se leve tão a sério, você não precisa ser perfeito(a), permita-se errar.** O mundo não acabará por conta de uma apresentação que não deu muito certo. Vida que segue.

Já vi centenas de pessoas ficarem nervosas quando são convidadas ao palco para dar seus depoimentos, apresentar um caso do seu departamento ou receber uma premiação em uma confraternização de fim do ano.

Outro dia, eu havia acabado uma palestra para cerca de oitocentas pessoas no Rio de Janeiro e estava no fundo da sala esperando o motorista que me levaria ao aeroporto. Começou a premiação dos melhores funcionários do ano, e quem fosse chamado no palco ganharia um lindo troféu e um bom prêmio em dinheiro, algo em torno de R$10 mil, na ocasião. Uma mulher que estava próxima de mim foi anunciada com entusiasmo pelo mestre de cerimônia, e ela falou baixo, mas consegui ouvir: "Ai, meu Deus! Vou ter que ir lá no palco e falar. Preferia não ter sido a ganhadora. Ano que vem vou faltar para não ser a ganhadora novamente." Eu comecei a dar risada e me lembrei das pesquisas citadas anteriormente. Vejam só, ela preferia não receber um troféu e R$10 mil só para não ter que falar em público durante apenas um minuto.

Posso afirmar a você, as pessoas falam muito melhor do que imaginam. As pessoas têm medo, mas se não falarem que estão nervosas, na maioria das vezes, ninguém notará isso. Portanto, repito, as pessoas falam melhor do que pensam que falam.

Você sabe o que está por trás do medo de falar em público? Por que as pessoas têm tanto medo assim? Vou te contar: é o **medo da crítica**.

O que pensarão de mim? O que falarão de mim? Estou gordo demais? Meu cabelo não está bom hoje? E tantas outras questões.

Pare com isso, não se preocupe tanto com o que os outros pensam sobre você. O que eles pensam ou falam é problema deles, e não seu. Preocupe-se com o que você pensa e siga adiante.

Fracassos são apenas feedbacks que você recebe da vida. Perca a aposta, mas não perca a lição, não perca o aprendizado, isso é o que fará você ser cada vez maior e melhor.

Oscar Wilde tem um pensamento atribuído a ele e do qual gosto muito: "Aqueles que não fazem nada estão sempre dispostos a criticar os que fazem algo."

GRAVE NA MEMÓRIA

1. Não se leve tão a sério, permita-se errar, aprender e evoluir. Só não erra quem não faz. Tenha coragem e siga em frente.

2. O medo nos faz ficar alertas e melhorar nossas apresentações.

3. É normal sentir medo de falar em público, afinal, é um dos maiores medos da humanidade, de acordo com várias pesquisas.

4. No fundo, as pessoas têm medo de serem criticadas, e não de falar.

MAPA MENTAL

POR QUE O MEDO DE FALAR EM PÚBLICO É O MAIOR DE TODOS OS MEDOS DA HUMANIDADE

A prática leva à evolução.

É normal sentir medo.

Relaxe, você não precisa ser perfeito. Seja verdadeiro.

1

Falar em público é um dos seis maiores medos da humanidade.

Você não perderá o medo. Aprenderá a dominá-lo.

▸ **1.** Falar em público
▸ **2.** Insetos
▸ **3.** Doenças
▸ **4.** Altura
▸ **5.** Passar necessidade
▸ **6.** Morte

Acesse e veja o conteúdo extra exclusivo deste capítulo:

capítulo
dois

VOCÊ GANHARÁ MUITO MAIS DINHEIRO SE FALAR BEM

*"Quem vence os outros é forte.
Mas quem vence a si mesmo é poderoso."*
– Lao-Tsé, filósofo e alquimista chinês

Talvez você esteja vivendo uma vida abaixo do que ela poderia ser. Não consegue ganhar dinheiro, não cresce profissionalmente, as dívidas se acumulam e o tempo está passando rápido. Você conseguirá mudar tudo isso adquirindo ou melhorando a competência de falar em público.

"O tesouro está onde você está", foi o que escreveu Russell H. Conwell em seu livro *Uma Fortuna ao Seu Alcance*. Nada é mais verdadeiro e apropriado ao nosso tema do que essa afirmação.

Como já vimos no primeiro capítulo, **o medo de falar em público é normal, e a esmagadora maioria o tem**. Então é obvio que quem dominar essa situação e conseguir se expressar corretamente e vender suas ideias, produtos ou serviços em público desfrutará de muito mais oportunidades do que a multidão amedrontada.

Falar bem dá dinheiro, e falar bem em público dá muito mais! Sabia que você não é pago pelo que você sabe, mas pelo que você faz com a informação que tem? Pois é, de que adianta ler um livro e guardar toda a informação para você? Agora, experimente, com a informação deste livro, dar uma palestra ou fazer uma reunião com um grupo de pessoas para vender seu produto ou serviço.

Um oceano de oportunidades aparecerá na sua frente se você falar bem. Será possível: dar aulas, fazer apresentações para grupos de investidores, vender muito, liderar e motivar equipes, influenciar pessoas, ter uma grande carreira política ou executiva, arrecadar fundos, ser promovido, candidatar-se, arrumar um emprego novo, mudar de carreira, pedir um aumento salarial, fazer as pessoas gostarem mais de você, conseguir impactar seu chefe, aumentar a sua credibilidade, ter mais controle emocional, ser percebido de um jeito diferente, e muito mais.

Pessoas que falam bem em público são raras e disputadas a peso de ouro. Justamente pela maioria ter essa dificuldade, quem domina a oratória naturalmente se sobressai e ganha mais dinheiro.

Pode acreditar, somos exemplos vivos do que estamos ensinando aqui. E você também pode e merece ter uma vida de abundância com o domínio da arte de falar em público.

Outro dia ouvi um vendedor falar: "Eu prefiro ser pobre, mas ser feliz." É o típico pensamento conformista de quem busca desculpas para o próprio fracasso. Eu digo: "Prefiro ser rico e feliz!" É muito mais gostoso.

O tamanho do seu sucesso será determinado pela intensidade e pelo tamanho de suas crenças. Se você está lendo este livro, significa que o primeiro passo já foi dado. O segundo passo é acreditar que você é capaz.

O que você tem que entender é que o sucesso e a riqueza não virão rápido, de um dia para outro. É preciso ter muita resiliência (palavra que está na moda). Resiliência é o modo chique de dizer "segurar o rojão" ou "não deixar a peteca cair". Então, foque o seu objetivo e não desista enquanto não alcançá-lo.

Comece pequeno e depois vá crescendo aos poucos... Primeiro faça sucesso na sua empresa, faculdade, igreja, com seus amigos e clientes. Cresça no seu bairro, depois em sua cidade, e quando estiver confiante, ataque seu estado, e só depois pense nacionalmente.

É muito importante ter essa humildade e um crescimento sólido, porque muitos erram neste ponto. Mal começam a falar em público e já querem dar uma palestra em um grande congresso ou gravar um vídeo para vender para o Brasil todo. Cometem erros graves e primários, caem e nunca mais conseguem se levantar. Vá com calma, porque **a constância é mais importante que a rapidez na escalada do sucesso.**

Mas também não fique buscando a perfeição para começar. O escritor e palestrante Edgar Ueda diz em seu belo livro *Kintsugi*: "O feito é melhor que o perfeito." É certo buscar o seu melhor, isso é nobre, mas não comece só quando estiver tudo perfeito, porque talvez isso nunca ocorra.

É obvio que você deve evoluir sempre e buscar a excelência nas vendas e na fala (trataremos disso no próximo capítulo), mas a melhoria não pode ser uma barreira para seu início.

Hoje, em nossas carreiras, somamos milhares de palestras por todo o Brasil e exterior. E saiba que nossas palestras ainda não estão definitivamente prontas e excelentes, e talvez nunca estejam, mas mesmo assim faturamos milhões de reais com elas.

E compartilharemos um segredo com você: mesmo após décadas de palcos, treinamentos e mentorias, ainda ensaiamos (e muito) toda nova palestra. Cada público é único, com expectativas e percepções singulares! Não há duas falas iguais, você pode fazer a mesma reunião duas vezes, e elas serão diferentes.

Vendedores e gerentes que só treinam, treinam e treinam, buscando fazer a apresentação de vendas perfeita, talvez nunca a façam. Vá vender e vá se aperfeiçoando no dia a dia, buscando ser cada vez melhor. Existe muito dinheiro lá fora esperando por você.

Se fôssemos esperar a perfeição para dar a primeira palestra, até hoje não teríamos começado.

Tem gente que fica só planejando a vida toda e nunca coloca nada em prática por ter medo da crítica, e com isso busca melhorar cada vez mais o que já está bom. Não deixe de oferecer, vender e falar em público porque não está excelente. Já dissemos aqui, erros acontecerão, e não há nenhum problema com isso, porque eles farão parte do aperfeiçoamento. É caminhando que se descobre o caminho. Vá e faça, mesmo com medo.

"Um grama de ação vale mais que uma tonelada de teoria", afirmou o filósofo alemão Friedrich Engels, nascido em 28 de novembro de 1820.

As pessoas sempre nos perguntam qual o segredo para falar bem em público e ganhar dinheiro (querendo uma espécie de fórmula mágica). Isso não existe, mas tem uma coisa que nós consideramos uma espécie do pulo do gato, alguns segredinhos que a gente aprende com anos de carreira após falar e vender para milhares de pessoas:

- Mostre sua visão, para onde você levará as pessoas com seus produtos, serviços e ideias. Um bom orador é um vendedor de esperança e sonhos.

- As pessoas prestam mais atenção e compram mais quando percebem logo no início da sua fala que você pode resolver um problema delas. Deixe isso claro, logo de cara!

Certa vez, em um evento cultural realizado na cidade de Bauru (SP), um especialista em História proferiu a aguardada palestra de abertura. Auditório lotado, todos ansiosos para o ouvir o professor, e lá estava ele. Durante cerca de duas horas, ficou sentado lendo dezenas (talvez centenas) de páginas escritas cuidadosamente por ele horas antes. No tempo todo, citou datas e fatos com precisão, mas em momento algum contextualizou aquela apresentação ou mostrou aos presentes como aquelas informações seriam importantes para eles. Resultado: grande frustração e duas importantes lições: **conhecimento teórico não garante uma boa apresentação**, e sempre mostre como a sua fala fará "sentido" para os ouvintes.

GRAVE NA MEMÓRIA

1. Nenhum vendedor ou líder chegará longe se não desenvolver a habilidade de falar em público, expor suas ideias e convencer pessoas.

2. Muitas oportunidades aparecerão na sua vida se você falar bem, e com isso será possível ganhar muito dinheiro. Você se tornará uma pessoa rara e disputada.

3. Comece pequeno e se torne gigante. O crescimento constante é mais importante que a rapidez.

4. Não espere a perfeição para começar. O feito é melhor que o perfeito.

5. Só conhecimento teórico não garante uma boa apresentação.

6. Sempre que possível, exemplifique o que você está falando. Com essa técnica, seus ouvintes entenderão melhor a mensagem principal.

7. Você é pago pelo que fala e faz, e não pelo que sabe.

MAPA MENTAL

VOCÊ GANHARÁ MUITO MAIS DINHEIRO SE FALAR BEM

2

Você não ganha pelo que sabe. Ganha pelo que faz.

A maioria não fala bem. Saia da multidão, destaque-se e ganhe mais.

Não espere perfeição. Comece.

Muitas oportunidades surgem para quem fala bem em público.

Habilidade de falar em público
+
Preparação mental
=
Riqueza $ $ $

Acesse e veja o conteúdo extra exclusivo deste capítulo:

capítulo TRES

O CAMINHO PARA O SUCESSO. INVISTA EM VOCÊ

"Nós não conseguimos mudar nosso início e como as coisas começaram em nossa vida, mas podemos mudar nosso destino."
– Autor desconhecido

Se trabalhar como se fosse dono na empresa, não ficará muito tempo no cargo atual. **Invista em você**, pense como se fosse o dono da empresa, faça mais do que é pago para fazer, e a sua riqueza virá mais rápido do que imagina.

Conheci o João, um atendente de uma lanchonete na avenida Brigadeiro Faria Lima, na Zona Sul de São Paulo. Conversando enquanto tomava um café, ele me contou que se matriculara em um curso de oratória para perder a timidez e aprender a conversar melhor com os clientes. Eu disse que era palestrante e o incentivei a ir em frente no curso.

Cerca de dois anos depois, estava por perto e decidi parar lá para comer um lanche e rever o João. Perguntei por ele, e me informaram que não trabalhava mais lá. Fiquei triste por um breve instante até o novo atendente completar a frase e falar que o João tinha aberto um "Food Truck" e agora era empresário do seu próprio negócio. Esse é o destino de quem ama o que faz e é de bem com a vida.

TALENTOS X FRAQUEZAS

Quais são as suas fraquezas? Qual é seu maior talento?

Talento vem do grego e quer dizer "A quantia em dinheiro", ou seja, seus talentos serão iguais às suas riquezas.

DOMÍNIO DE FALAR EM PÚBLICO = DINHEIRO = RIQUEZA

Quanto talento você tem? Poucas pessoas têm muitos talentos, ou um grande talento único, especial e muito grande a ponto de não precisarem se esforçar muito. A maioria de nós, simples mortais, tem talentos, mas precisa se esforçar e desenvolvê-lo muito até atingir o ápice a ponto de se destacar da concorrência.

Outro ponto importante a considerar para seu sucesso é: qual a sua aversão, ou suas fraquezas? Por exemplo, eu não gosto de ficar em redes sociais, acho a mais pura perda de tempo, mas sei que é necessário aparecer nelas para me manter visível e, assim, gerar novas contratações. É uma espécie de mal necessário. Então o que me resta a fazer é contratar pessoas competentes que gostem de redes sociais e possam fazer isso por mim.

Se você não entende nada e não gosta de preparar slides em Power Point, mas quer ser um palestrante e precisará usá-los em sua apresentação, sua opção será contratar alguém que possa montar seus slides com perfeição.

Assim, se você não administra bem seus a receber e suas contas a pagar, delegue a alguém que faça. Se você odeia Excel, faça uma parceria com alguém que ame Excel.

Investir no que você odeia é nadar contra a correnteza. Quando você entende isso e delega, sua subida profissional começa a acontecer, mas desde que você tenha bons profissionais ao seu lado.

Não faça economia porca, contratando soluções caseiras e baratas, porque, com o tempo, você verá que só perdeu dinheiro. Invista e contrate bons profissionais, porque o tempo perdido nunca mais voltará.

Há dois investimentos pessoais que, se você fizer, sempre retornarão em forma de muito dinheiro. São eles:

Investir em sua aparência pessoal

Usar roupas de qualidade, cuidar dos dentes, fazer academia, usar um bom celular, entre outras coisas.

Saiba que você nunca terá uma segunda chance de causar uma primeira boa impressão! Portanto, atenção à forma como você fala ou se veste, pois essa primeira impressão ajudará ou atrapalhará no resultado da venda.

Sua credibilidade é o primeiro passo para o êxito na carreira e um dos aspectos mais importantes para conseguir conquistar uma plateia. Ela é adquirida por meio da aparência, postura, educação, tom de voz e atitude.

Sabemos que o traje não faz o homem, mas faz 99% do que se pensará a seu respeito antes de ele abrir a boca. Então, vista-se adequadamente e assuma o papel de grande profissional. Vestir-se bem não é se encher de roupas de grife, mas estar adequadamente trajado para a situação da fala ou apresentação.

O tipo de consumidor que deseja atrair deve determinar o modo com o qual você se apresentará. Um traje muito luxuoso em uma empresa muito simples pode afastar seus clientes potenciais, mesmo quando bons preços são oferecidos. Do mesmo modo, uma aparência excessivamente modesta pode afastar clientes de alto poder aquisitivo, mesmo que seus produtos sejam destinados a eles.

Enfim, como já dissemos aqui, invista em você, compre roupas e sapatos de boa qualidade, pois, além de durarem mais, o ajudarão a transmitir uma imagem de sucesso e ainda melhorarão sua autoestima e confiança. Um dos melhores investimentos que um profissional de vendas pode fazer em sua carreira é investir em sua aparência, não importando o que se vende.

Cuidados básicos com o corpo, como barba bem-feita, dentes saudáveis, unhas pintadas, uma leve maquiagem, cabelos bem penteados, o ajudarão em seu marketing pessoal. Goste de você, vista-se para vencer, e o seu sucesso será garantido!

Investir em conhecimento

Compre e leia bons livros, invista em sua formação, com um curso de oratória, por exemplo. Cada real investido voltará multiplicado por cem para seu bolso. Amplie o seu vocabulário, assim você terá mais palavras à sua disposição para expressar uma ideia. Como se amplia o vocabulário? Lendo, lendo, lendo muito. Não existe outro caminho, por isso, invista em bons livros e boa leitura.

Ah, já sei, você não gosta de ler. Dá sono. Acha chato. Prefere a internet e redes sociais... Nosso recado é um só para você: pare de ler este livro agora, desista de ser um bom orador e de ganhar dinheiro com a comunicação. Um vocabulário amplo e correto é fundamental para vencer nos negócios hoje em dia.

A leitura é um atalho para o sucesso rápido, e o livro pode ser seu segundo melhor aliado. Digo segundo porque o primeiro é sua mente. Pense o seguinte: um autor demora anos para escrever um bom livro. Nele, coloca toda sua experiência de estudo e pesquisa, e, no fim, esse livro será vendido por R$40 ou R$50. Ou seja, é o mesmo que você estar contratando e comprando anos de trabalho desse autor por alguns reais. Pense nisso!

Além do mais, quando lê um livro, você se aproxima do autor e passa a enxergar as coisas sobre o ponto de vista dele, ganhando uma nova perspectiva sobre a própria vida.

A vida toda é uma venda. Ou você estará vendendo algo, ou vendendo você mesmo o tempo todo. Mesmo em uma empresa onde pretende seguir carreira e ser promovido, terá que vender sua imagem para as outras pessoas e departamentos.

E as pessoas comprarão de você por dois motivos: pela sua fama ou pela sua performance. Como provavelmente você não é muito famoso ainda, então trate de ter uma boa performance, o que só será alcançado ao investir em si mesmo e causar uma boa impressão.

Se você for dar uma palestra, tem que ser a melhor palestra do mundo para fazer diferença na vida das pessoas. Ela levará à experiência, e você será indicado a outros clientes, mas para isso, será necessário tocar o coração da plateia.

Se for apresentar um trabalho na escola, um projeto na reunião para a diretoria, participar de uma entrevista de emprego ou tentar vender para um cliente, você tem que realizar sua melhor apresentação possível. **Não aceite nada menos que o seu melhor**, e para isso você terá que estar mais preparado que os outros. A vitória é certa!

Quando se sentir preparado, nomeie-se especialista. Isso mesmo, você tem que se autonomear, não espere o mercado fazer isso por você. E quando o mercado começar a reconhecer e pagar a você como especialista, então estará na hora de estudar mais ainda para se manter no topo e honrar o que conquistou. **Nunca pare de estudar e não deixe de fazer as coisas que te levarão ao sucesso.**

Agora, a melhor maneira de iniciar é parar de pensar e começar a investir em você.

GRAVE NA MEMÓRIA

1. Faça mais do que é pago para fazer e pense como dono, não como empregado.

2. Invista na sua aparência. O mundo trata e paga melhor quem se veste bem.

3. Leia livros, faça cursos e amplie seu vocabulário. O conhecimento o levará para outro nível.

4. O sucesso não vem sem esforço, e a preguiça é inimiga do sucesso.

MAPA MENTAL

O CAMINHO PARA O SUCESSO. INVISTA EM VOCÊ

3

Dedique-se de coração. Trabalhe duro.

Invista em você.

Invista em conhecimento.

Torne-se especialista em sua área.

Invista em sua aparência pessoal.

Melhore suas fraquezas. Explore seus talentos.

Acesse e veja o conteúdo extra exclusivo deste capítulo:

capítulo
QUATRO

É POSSÍVEL SER QUIETO, TÍMIDO E FALAR BEM EM PÚBLICO?

"O mal de quase todos nós é que preferimos ser arruinados pelo elogio a ser salvos pela crítica."
— *Norma Vincent Peale*

Em seu livro *O Poder dos Quietos*, Susan Cain nos ensina como tímidos e introvertidos podem mudar o mundo e influenciar o campo dos negócios mesmo sem serem pessoas extrovertidas e falantes.

Pelo menos um terço das pessoas que conhecemos são introvertidas. São aquelas que preferem escutar e analisar, em vez de falar.

Franklin Rossevelt, Albert Einsten, Van Gogh, Warren Buffett, Bill Gates e o nosso ídolo, Airton Senna, fazem parte da categoria introvertidos. Isso para citar apenas alguns dos nomes de famosos tímidos.

Não há problema nenhum em ser tímido, acanhado e mais reservado. Isso faz parte da sua história, da sua personalidade. O problema é quando essas características de sua personalidade atrapalham sua carreira, seu futuro e sua qualidade de vida financeira por você não conseguir se posicionar e conquistar seu lugar ao sol.

Por exemplo, nós dois, em nosso dia a dia e em nossa vida pessoal, somos tímidos, quietos, e muitas vezes preferimos a vida em casa às baladas e eventos sociais aos quais somos constantemente chamados a participar por conta da carreira de palestrantes e escritores.

Assim como nós, você terá que aprender e lidar com isso. A boa notícia é que é possível melhorar sem mudar seu estilo. O primeiro passo você deu ao tomar consciência de que ser introvertido é normal. Para o segundo passo, aconselhamos você a ler o livro citado no início deste capítulo para entender melhor esse assunto e os impactos desse comportamento na sociedade contemporânea.

Uma coisa é o palco, a venda, o trabalho, o cenário profissional. Neles você terá que interpretar um personagem e seguir as dicas mencionadas neste livro, além de procurar se aperfeiçoar e fazer um bom curso de oratória.

Outra coisa é sua vida pessoal, nela você poderá continuar do jeito que é, aquele com o qual se sente confortável e tranquilo. Ou seja, seguindo sua vida e seu estilo.

Criou-se um mito de que, para falar bem, a pessoa tem que ser falante, alta, bonita, chamar a atenção etc. No entanto, estudos mostram que os extrovertidos são os que mais erram nas decisões porque falam muito e falam antes de pensar.

Os introvertidos preferem a reflexão e por isso se preparam mais e erram menos. Qual terá mais chances de sucesso na carreira e na vida?

Não podemos deixar de dizer também que é fundamental você amar o que faz. **A única forma de fazer um trabalho brilhante, acima da média, é você amar o que faz** e trabalhar naquilo que é seu sonho, sua missão nesta vida. Não importa se você é mais falante ou mais reservado, a paixão fará muita diferença na sua carreira. E como saber se está no seu sonho?

É simples. Basta você se perguntar se faria o trabalho se não fosse por dinheiro, se fosse de graça. Se o fizer mesmo assim, com a mesma boa vontade, é sinal de que está trabalhando no que gosta. Também se perde o sono à noite e não vê a hora de começar o dia para a sua apresentação, é sinal de que está apaixonado pelo seu trabalho e terá grandes chances de ser um sucesso.

Aprendemos, convivendo com muitas pessoas de sucesso, que elas são inspiradas por um forte propósito, e isso as deixa tão fortes, que quase nada as detém. **Grandes oradores não são motivados pelo dinheiro**. Sem paixão não há energia suficiente para uma boa palestra ou reunião gerencial.

O negócio é o seguinte, de verdade: se for importante, você com certeza encontrará uma maneira de falar e seguir adiante. Se não for, encontrará uma desculpa para não fazer. Então, como nosso forte não é a extroversão, que seja a determinação, a verdade e a disciplina. Gostamos muito de uma frase de Truman Capote: "A disciplina é a parte mais importante do negócio" e isso os introvertidos e quietos têm de sobra.

Nós já contamos em capítulos anteriores que, ao longo da nossa jornada como palestrantes, aprendemos a dominar a timidez. Mas em uma das palestras, Franco Junior conta uma história real, vivida pelo seu primeiro cliente, Luiz Carlos. "Imagine uma criança de apenas 10 anos, na frente da classe, em pé, com todos os amigos observando e a professora à espera da sua leitura em voz alta. Mas as pernas tremem, a voz não sai, ela olha para as pessoas ao seu redor e, de tanto nervosismo... faz xixi nas calças. Os amigos caem na gargalhada, e o fato marca a vida do pequeno Luiz, que volta para sua carteira totalmente mudo e carrega por toda a vida o trauma de falar em público.

Essa criança poderia ser você ou tantos outros que viveram essa experiência tão difícil quanto triste. Mas esse pequeno era o Franco — que, na verdade, se chama Luiz Carlos Franco Junior. A criança tímida que lutou para vencer seus traumas, que estudou jornalismo, virou radialista e acabou se especializando em técnicas de oratória e hoje é palestrante. Sobre o que ele fala? Justamente sobre esse tema. E aquilo que para ele parecia impossível acabou se tornando, mais que um novo caminho profissional, uma verdadeira missão de ensinar quem não sabe ou tem medo de falar em público.

Entendeu? Ser introvertido não te limita ao sucesso, basta você se preparar para isso. Falando em preparação, uma coisa excelente que você pode fazer além de curso de oratória é um curso de teatro, que não serve só para quem quer seguir uma carreira de ator ou atriz, serve também como terapia, pois você trabalhará suas emoções, conhecerá pessoas maravilhosas e desenvolverá sua arte de interpretar situações. Fica a dica aqui.

GRAVE NA MEMÓRIA

1. É normal ser uma pessoa introvertida e tímida. Um terço da população é assim.

2. Os introvertidos erram menos porque pensam e observam mais antes de falar.

3. Basta desenvolver as técnicas de falar bem, dar seu show e voltar ao seu estado de segurança.

MAPA MENTAL

É POSSÍVEL SER QUIETO, TÍMIDO E FALAR BEM EM PÚBLICO?

4

- As pessoas tímidas e introvertidas pensam mais antes de falar.

- Você pode ser tímido, quieto e falar bem em público.

- Não pense no dinheiro. Pense na sua causa, e isso lhe dará força.

- Interprete um papel em público e volte a ser tímido na vida pessoal.

- Grandes personalidades que comandam o mundo são tímidas.

Acesse e veja o conteúdo extra exclusivo deste capítulo:

capítulo
CINCO

COMO DISSIPAR A ADRENALINA E TER AUTOCONTROLE NA FALA

"Podemos escolher recuar em direção à segurança ou avançar em direção ao crescimento. A opção pelo crescimento tem que ser feita repetidas vezes. E o medo tem que ser superado a cada momento."
— Abraham Maslow

Conhece-te a ti mesmo... Um guerreiro samurai, conta uma velha história japonesa, certa vez desafiou um mestre zen a explicar os conceitos de céu e inferno. Mas o monge respondeu-lhe com desprezo:

"Não passas de um bruto... não vou desperdiçar meu tempo com gente da tua laia."

Atacado na própria honra, o samurai teve um acesso de fúria e, sacando a espada da bainha, berrou:

"Eu poderia te matar por tua impertinência."

"Isso", respondeu calmamente o monge, "é o inferno".

Espantado por reconhecer como verdadeiro o que o mestre dizia acerca da cólera que o dominara, o samurai acalmou-se, embainhou a espada e fez uma mesura, agradecendo ao monge pela revelação.

"E isso", disse o monge, "é o céu".

A súbita consciência do samurai sobre seu estado de agitação ilustra a crucial diferença entre alguém ser possuído por um sentimento e tomar consciência de que está sendo arrebatado por ele. A recomendação de Sócrates — "Conhece-te a ti mesmo" — é a pedra de toque da inteligência emocional: a consciência de nossos sentimentos no momento exato em que eles ocorrem.

Você tem consciência dos seus sentimentos? Por que o medo de falar em público ganha do medo da morte? Porque temos medo de falhar, do que os outros pensarão, e por aí vai. O medo nos consome. E quanto mais medo sentimos, mais a nossa adrenalina aumenta.

De acordo com a ciência, a **adrenalina** é o hormônio responsável por preparar o organismo para a realização de grandes feitos, derivado da modificação de um aminoácido aromático (tirosina), secretado pelas glândulas suprarrenais, assim chamadas por estarem acima dos rins. Em momentos de estresse, as suprarrenais secretam quantidades abundantes desse hormônio que prepara o organismo para grandes esforços físicos, estimula o coração, eleva a tensão arterial, relaxa certos músculos contrai outros.

Achamos muito interessante e tem muito a ver com adrenalina uma expressão que os norte-americanos usam e da qual gostamos muito: "POINT OF NO RETURN", um PONTO DE NÃO RETORNO, em tradução livre.

É o momento em que as coisas não voltam mais a ser como eram, surge um novo tempo, uma nova história a ser construída. Por exemplo, quando um filhote de cachorro come carne pela primeira vez, nunca mais deixará de desejar carne. Quando uma criança experimenta doce, também é um possível ponto de não retorno, porque ela pode nunca mais deixar de gostar de doce. Quando um adolescente aprende a dirigir um carro ou pilotar uma moto, isso também pode ser um ponto de não retorno, porque ele não vai mais querer andar de ônibus.

Mais à frente neste livro, no capítulo sobre persuasão, ensinaremos para você a técnica da visualização — muito importante para dissipar a adrenalina. E também relataremos como esse hormônio é fisiologicamente produzido. Outra técnica simples e eficaz para reduzir o excesso de adrenalina na corrente sanguínea é empurrar com força uma mão contra a outra na altura do peito. Esse exercício faz com que o excesso de adrenalina do seu corpo venha para as suas mãos, e depois que concentrar tudo, você pode dissipar a adrenalina abrindo e fechando as mãos.

Quantas pessoas têm muito conhecimento, competências e habilidades e travam na frente de um auditório? Você já viu essa cena ou foi o protagonista dela? Aquele famoso "branco" é o excesso de adrenalina que se concentra no cérebro e provoca a interrupção de milésimos de segundo na linha de raciocínio. Mas com exercícios respiratórios você pode evitar essas falhas e outras que podem significar um grande vexame em público.

Por exemplo, quando alguém começa uma apresentação com a voz fina como a do Pato Donald ou a voz sai muito rápida como um disco fora de rotação. Para não travar, a pessoa sai falando. Mas antes vamos entender como isso acontece.

Aquela tensão do momento faz a pessoa respirar errado, com a respiração superior, e isso tensiona os nervos que terminam na prega vocal e alteram a sua elasticidade. Muitas vezes, em um momento de tensão extrema, a voz some porque a prega vocal sofre uma alteração em razão dessa respiração.

Para evitar esses sinais de nervosismo, basta fazer a respiração diafragmática antes de uma fala em público. Deite, coloque um objeto na barriga e respire de forma que apenas o local onde o objetivo está se movimente. Isso faz com que sua voz fique mais estável, evitando que ela quebre ou que falte ar no meio de uma frase.

Quando chegar sua hora, será também um ponto de não retorno. **Se jogue e viva seu momento intensamente**. Sua vida nunca mais será a mesma, e nós garantimos que valerá a pena!

GRAVE NA MEMÓRIA

1. Como dissipar a adrenalina para ter autocontrole na fala? Exercite a respiração profunda: respire o máximo que puder, segure o ar e depois solte-o lentamente.

2. Conte até dez: conte em voz alta de um a dez e tente não pensar em NADA. Relaxe: deite-se no chão, encoste as pernas erguidas em uma parede e fique assim por um minuto.

3. Ria: libere o hormônio da endorfina. Ligue para alguém engraçado, ou lembre-se de algo engraçado e ria muito.

4. Lembre-se de quem é. A adrenalina passa, você a controla, e não ela a você. Cultive pensamentos positivos. Olhe no espelho e fale consigo mesmo.

5. Quem te irrita te domina. Não deixe que as provocações dos outros tirem a sua paz.

MAPA MENTAL

COMO DISSIPAR ADRENALINA E TER AUTOCONTROLE NA FALA

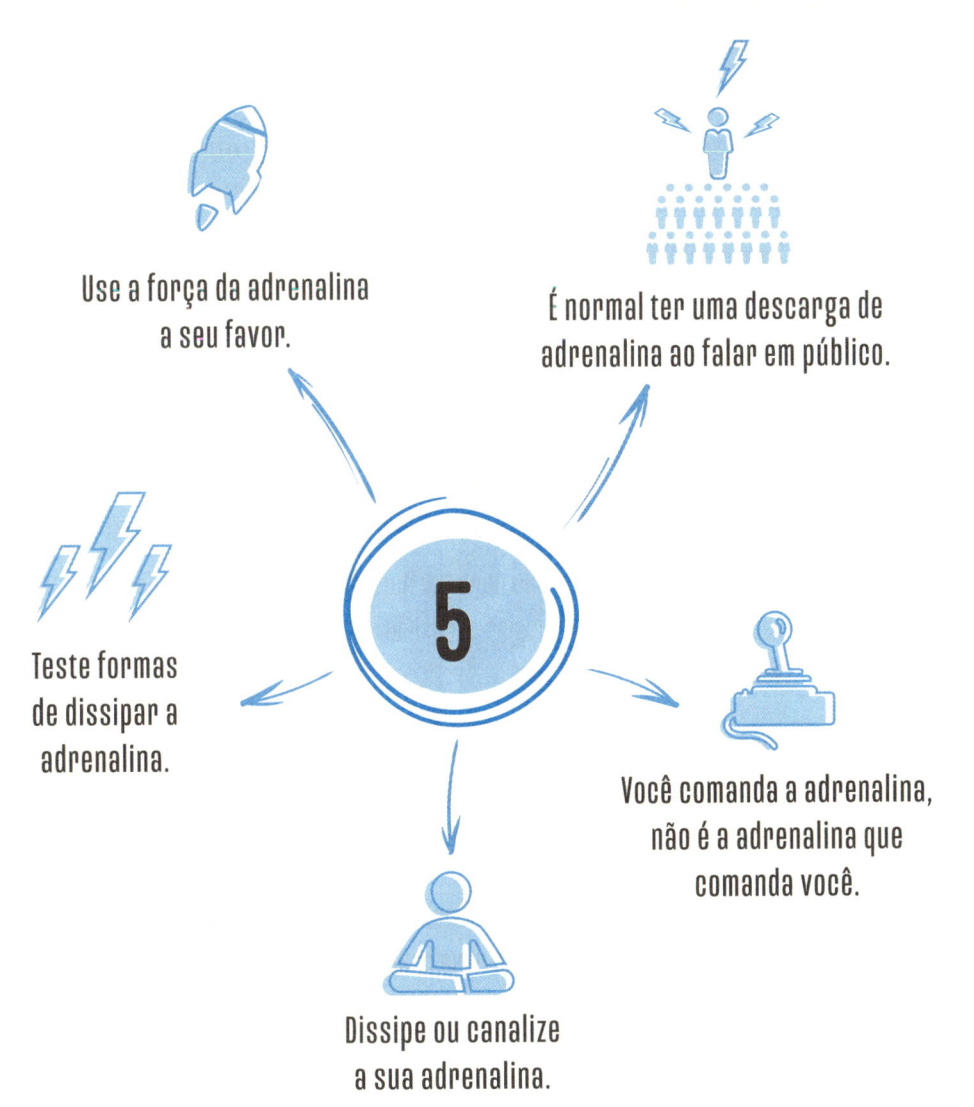

5

- Use a força da adrenalina a seu favor.
- É normal ter uma descarga de adrenalina ao falar em público.
- Teste formas de dissipar a adrenalina.
- Dissipe ou canalize a sua adrenalina.
- Você comanda a adrenalina, não é a adrenalina que comanda você.

Acesse e veja o conteúdo extra exclusivo deste capítulo:

capítulo SEIS

A QUÍMICA DO SUCESSO. CONTEÚDO E HUMOR NA DOSE CERTA

"Prefiro os que me criticam, porque me corrigem,
aos que me adulam, porque me corrompem."
– *Santo Agostinho*

Nossa experiência mostra que, mesmo em assuntos técnicos, o bom humor na dose certa traz leveza para o momento e ajuda a fechar negócios. Afinal, ninguém gosta de fazer negócios com pessoas mal-humoradas e negativas.

A questão é a seguinte: algumas pessoas têm essa facilidade no dia a dia e conseguem encaixar uma piadinha ou um comentário engraçado em tudo o que falam. É um dom que flui naturalmente. Outras pessoas têm mais dificuldade com essa improvisação porque são mais sérias, mais discretas, e isso não é problema algum, é um estilo de comunicação.

É importante lembrar que não somos comediantes profissionais e que, ao tentar fazer uma piada, ela pode sair sem graça nenhuma, mais ou menos como ouvir a piada do pavê em um jantar de natal: "Esse pavê é só pra ver ou é pra comer?"

Piada não é o único recurso para sermos engraçados e irreverentes. Contar histórias bem-humoradas e rir de si mesmo são alternativas que podem ser bastante eficazes. Assim como manter o sorriso no rosto ajuda bastante a transmitir a imagem de que você é agradável e está de bom humor.

Para outros, isso é mais difícil, pela própria personalidade mais reservada ou introvertida, como é no nosso caso. Lembro-me de que, no início da minha carreira de palestrante, eu era tão travado, tão técnico, que tinha que pesquisar uma piada e estudá-la como se estuda uma fórmula química para contá-la na palestra. Aos poucos, no entanto, a gente vai se acostumando, e com o tempo, tudo flui naturalmente e na medida certa.

Tudo que é em excesso sobra. Conheci um gerente de vendas que era excelente nos resultados, mas tinha a mania de fazer piada e tirar sarro de tudo e de todos. Até que um dia apareceu uma oportunidade de promoção na empresa e ele não foi o indicado, apesar de ter resultados melhores que o outro gerente.

Obviamente, ele ficou indignado, e quando foi consultar o RH, recebeu o dolorido feedback: "A sua equipe, assim como o restante da empresa, não suporta mais suas piadinhas de tudo. As pessoas se afastam de você e não te convidam para nada. Será que você não percebeu isso ainda? A única coisa que te mantém aqui são seus resultados. Se você mudar sua postura, tem tudo para voar alto na organização."

Após quarenta dias, esse funcionário saiu da empresa, e a última notícia que tive dele foi a de que estava trabalhando como supervisor de vendas em um decadente supermercado da periferia de São Paulo. Um potencial imenso jogado fora pela falta de bom senso. Água em excesso mata a planta, e falta de água também.

É sempre importante avaliar sua audiência e o nível de sua plateia. Não entre para uma reunião, uma venda ou uma palestra como um cavalo com antolhos na cara.

Às vezes, você planeja um determinado assunto e separa uma história engraçada para contar que tenha a ver com o conteúdo. Mas não aja em modo automático. Não é porque você gosta da piada e a ensaiou que deve contá-la. Se sentir que não é o momento adequado, aborte a missão e mantenha o bico calado. **O bom senso sempre deve imperar.**

Domine seu tema e dane-se o resto. Quanto mais você for mestre no seu assunto, mais terá facilidade para improvisar o bom humor porque se sentirá à vontade.

Eu não posso falar de improviso com relação a cirurgia cardíaca, mas posso falar sobre improviso de vendas e motivação. Seja mestre no seu tema, seja o maior e o melhor no seu tema e não aceite menos que isso.

Você tem que falar sobre um assunto que é o seu propósito. Muitos não têm sucesso porque querem falar de tudo e no fundo não se especializam em nada.

Ensine sempre algo novo. E se essa novidade puder ser trazida com uma pitada de bom humor, será ótimo.

Nada pior do que uma apresentação em que nenhuma informação nova é dita ou nenhuma forma inovadora de observar a realidade é apresentada. Ao introduzir novos conceitos, ou uma ótica diferente sobre conceitos preexistentes, você estimula a geração de dopamina na audiência, substância que criamos quando aprendemos coisas novas. E o bom humor libera a serotonina, que é o hormônio do bom humor. Por isso as pessoas gostam e ficam com uma sensação boa. Essa é a explicação científica para o bom humor ajudar a fechar negócios. As pessoas compram mais quando estão alegres e felizes. Chip e Dan Heath, autores de *Switch: Como Mudar as Coisas Quando a Mudança É Difícil*, fazem uma provocação: "As ideias nascem interessantes ou são tornadas interessantes?"

Não leve a apresentação tão a sério e use o bom humor para dar um pouco de leveza sem tirar a seriedade do que está sendo dito.

GRAVE NA MEMÓRIA

1. O bom humor ajuda a fechar negócios quando usado com coerência e na dose certa.

2. Existem outras formas de bom humor além de contar piadas, como histórias engraçadas ou rir de si mesmo, de algum erro que cometeu.

3. Estude sua plateia antes e se adéque ao momento.

4. O bom humor libera o hormônio da serotonina, fazendo com que as pessoas se sintam melhor.

MAPA MENTAL

A QUÍMICA DO SUCESSO. CONTEÚDO E HUMOR NA DOSE CERTA

6

- Adéque o humor a plateia.
- A humanidade gosta de bom humor.
- Use o bom senso sempre.
- O sorriso libera serotonina, um hormônio que faz se sentir bem.
- Bom humor na medida certa. Tudo que é em excesso sobra.

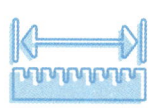

Acesse e veja o conteúdo extra exclusivo deste capítulo:

capítulo SETE

COMO VENDER SUA IDEIA PARA GRUPOS DE PESSOAS

"A finalidade da comunicação é fazer-se entender. Mas há quem prefira se desentender."
— Augusto Branco

Algumas oportunidades ou necessidades surgirão, e você terá que falar para grupos de pessoas. Pode ser uma reunião na empresa, uma apresentação de TCC na faculdade, uma proposta para um grupo de diretores de uma multinacional, uma palestra ou outras formas de apresentação.

O importante é que, quando essa hora chegar, você não desperdice essa oportunidade, que pode ser única para fazer seu marketing pessoal, mostrar seu talento e ganhar dinheiro.

EM UMA REUNIÃO

Deixe claro no início o tempo que utilizará. Essa estratégia, além de mostrar que você é profissional, bem organizado e objetivo, ajudará a diminuir a ansiedade do grupo e fará com que seus integrantes se concentrem mais por alguns minutos.

Não ultrapasse três a cinco minutos para explicar a sua ideia central e seu objetivo. Uma propaganda padrão na TV em horário nobre dura em média trinta segundos, ou seja, três minutos são equivalentes a seis propagandas de TV. Cinco minutos, a dez propagandas de TV. Tempo mais que suficiente para convencer alguém, desde que você esteja preparado para isso.

Lembre-se de que para você passa rápido, mas para quem ouve não. E costumamos dizer que, se sua ideia cabe em um guardanapo, ela está no tamanho adequado.

USE, MAS NÃO ABUSE DE JARGÕES, DITADOS E FRASES FEITAS

Você pode usar um ditado popular ou uma frase feita do tipo:

"A pressa é inimiga da perfeição."

"O que começa errado acaba errado."

"Você não pode ajudar quem não quer ser ajudado."

Não há problema em usá-las no meio de uma conversa. Aliás, elas ajudam, e muito, a cravar suas ideias no seu público, porque caem como verdadeiras bombas na mente de quem o está escutando. Afinal, elas, apesar de parecerem superficiais e simples, trazem verdades incontestáveis sob o ponto de vista dos negócios e resultados corporativos.

Mas quando se exagera nisso, o efeito não é bem esse. Causa a impressão de que você é uma pessoa superficial, sem conteúdo, que está apenas se escondendo atrás de frases e sabedorias de outras pessoas, que não são suas ideias próprias. Portanto, use frases feitas com moderação e critério.

Outra coisa muito importante é falar com todos, e não somente com uma ou duas pessoas do grupo. Esse erro é mais comum do que se imagina e ele ocorre porque é uma ação involuntária, gerada pelo subconsciente, que nos leva a dar atenção àqueles com quem mais simpatizamos. E nem sempre a pessoa de quem mais gostamos é a que assina o cheque.

Imagine um grupo de seis pessoas no qual duas delas são sorridentes, oferecem café e água a você. Não bastasse isso, enquanto você fala, elas se mostram boas ouvintes, gesticulam com a cabeça em sinal de aprovação e de admiração. Elas estão gostando de você. É natural que você dê mais atenção a elas. O problema é que os outros quatro que se mostraram um pouco mais indiferentes e frios são o diretor financeiro, os dois sócios donos da empresa e a esposa de um deles. Quais suas chances de fechar negócio se eles não comprarem a sua ideia?

Fale olhando para todos o tempo todo. Firme o olhar em um, depois em outro, e assim por diante.

Além disso, ajudará muito se você falar o nome deles enquanto faz sua apresentação. Esse, sim, é um golpe de mestre.

Costumamos fazer da seguinte forma quando vamos iniciar uma reunião, por exemplo: procuramos escrever o nome das pessoas na agenda ou caderno, em uma espécie de layout marcando a posição das cadeiras em que elas estão. Mais à esquerda, o Sr. Mario; ao lado dele, o Sr. João; ao centro, Maria e Dona Beatriz; e na ponta direita da mesa, Dr. Edgar. Assim, basta uma rápida olhada na anotação para ver o nome e citá-lo sempre durante a sua fala.

Essa técnica é altamente poderosa para convencer e vender para grupos, porque faz as pessoas gostarem de você e criarem uma relação de confiança em poucos minutos.

Quadros brancos, flip charts e slides do Power Point projetados em uma TV, de acordo com a disponibilidade de recursos do local, poderão ajudar você a desenhar melhor sua proposta ou ideia e convencer seu público-alvo. Lembre-se de que muitos interlocutores são visuais, e uma imagem pode convencer mais do que muita conversa.

Gráficos, tabelas e planilhas, quando bem elaborados, são outra arma que você poderá usar. E se der errado, não desanime, o fracasso é uma forma de começar de novo com mais inteligência.

GRAVE NA MEMÓRIA

1. Comunique o tempo para sua apresentação e seja objetivo na fala.
2. Use frases de efeito, mas com moderação.
3. Fale para todos, e não somente para alguns.
4. Explore o nome deles durante sua exposição.
5. Use recursos visuais sempre que possível.

MAPA MENTAL

COMO VENDER SUA IDEIA PARA GRUPOS DE PESSOAS

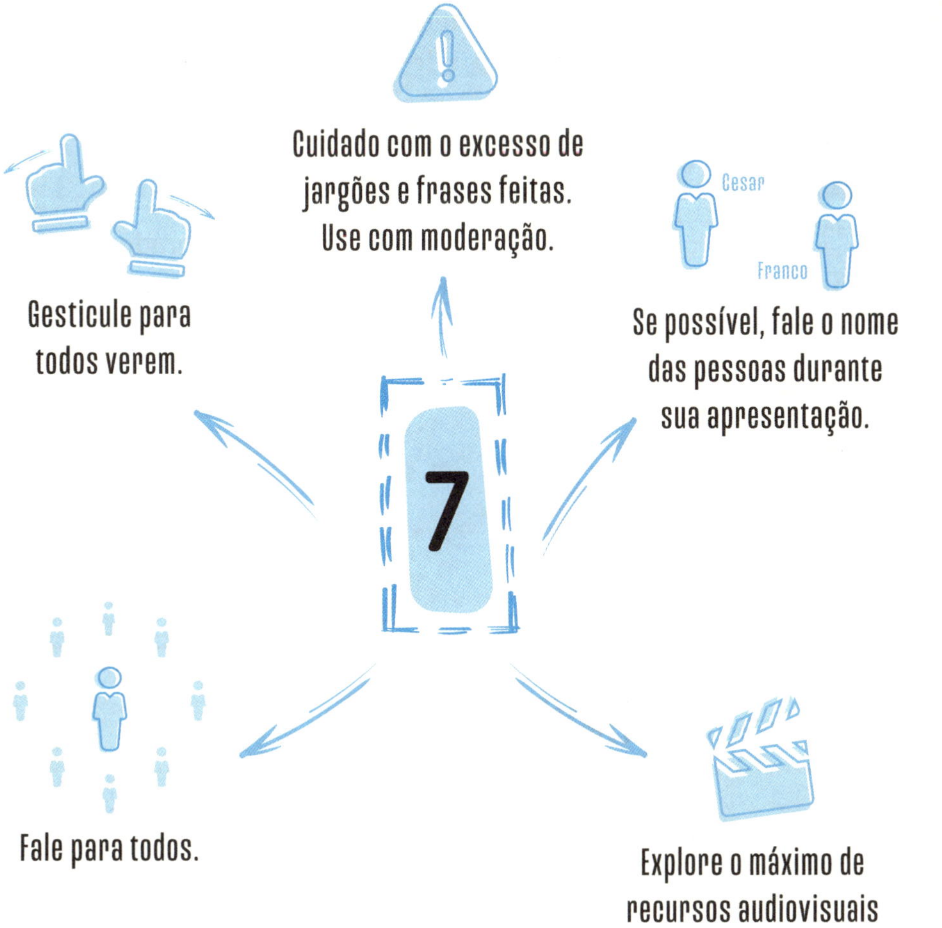

7

- Gesticule para todos verem.
- Cuidado com o excesso de jargões e frases feitas. Use com moderação.
- Se possível, fale o nome das pessoas durante sua apresentação. (Cesar, Franco)
- Fale para todos.
- Explore o máximo de recursos audiovisuais

Acesse e veja o conteúdo extra exclusivo deste capítulo:

parte dois

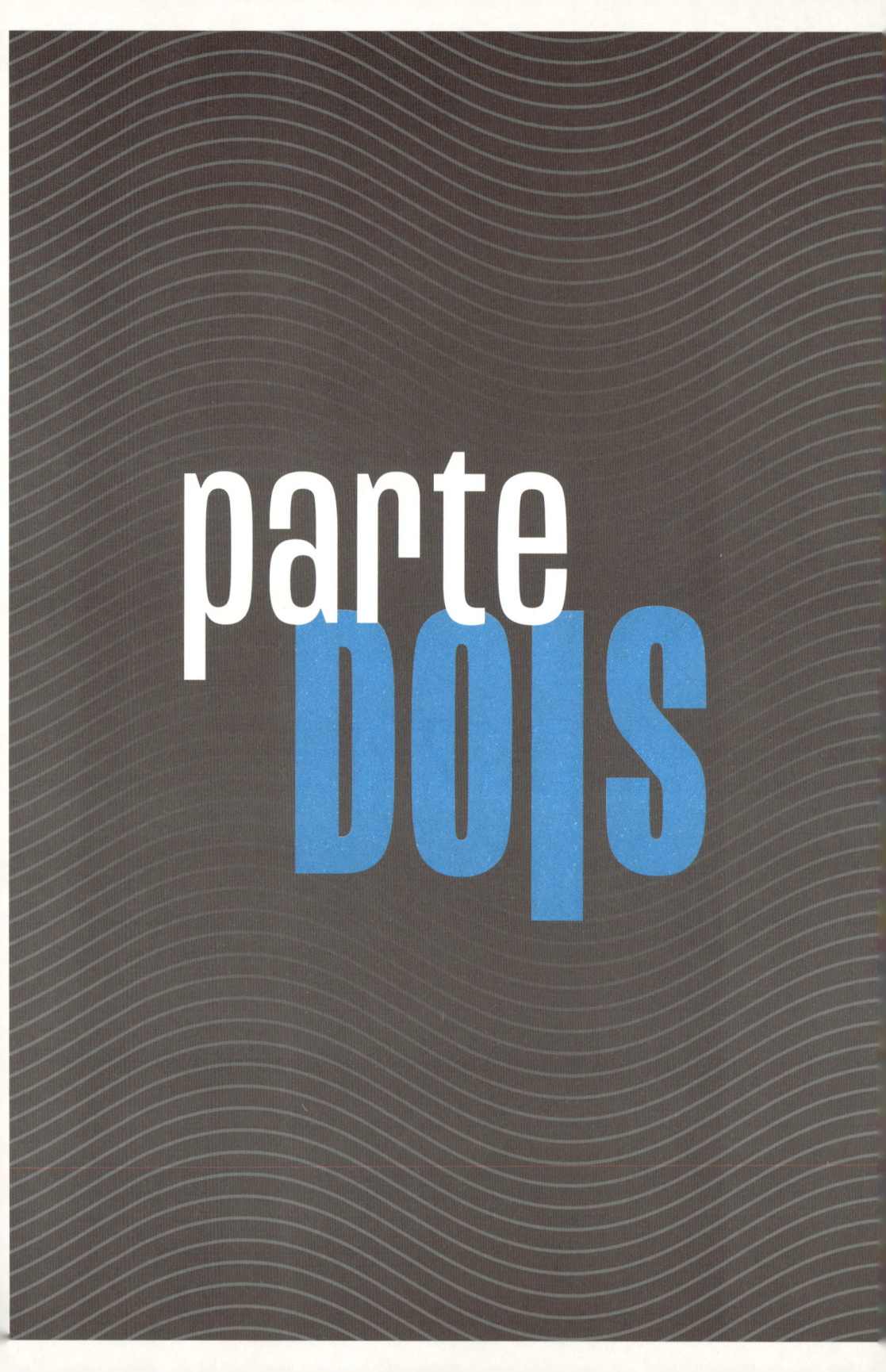

COMO
CONSEGUIR
TÉCNICAS

capítulo OITO

O PODER DA FALA COMEÇA COM UM BOM ROTEIRO

*"Fácil é ser colega e dizer o que ele quer ouvir.
Difícil é ser amigo e dizer a verdade."*
— Carlos Drumond de Andrade

O estadista inglês Winston Churchill, constantemente apontado como um dos maiores oradores da história, não tinha o costume de decorar suas falas. Mas ele sempre usava lembretes dos pontos fundamentais. Na escola, chamávamos isso de "cola", rsrs.

Não confie na sua memória. Claro que é importante estudar e saber profundamente o que falará, mas, ainda assim, é prudente manter anotações dos principais pontos ou do discurso todo.

Não é feio e nem errado ler durante a fala. O errado é não ter se preparado antes e demonstrar insegurança, como se tudo que você sabe estivesse naquelas anotações.

Quando for ler algo durante uma gravação, reunião ou palestra, mantenha a cabeça erguida e levante a folha com as anotações. Mesmo lendo, é importante manter um contato com a plateia, alternando o olhar entre a folha e o público.

Mantenha-se focado, concentre sua energia para ter o que você quer. **Foco é saber dizer não a tudo que tenta desviar você do seu roteiro** alinhado com sua alma.

ETAPAS DE UM DISCURSO, PALESTRA OU AULA

OBJETIVO PRINCIPAL

Sem dúvida nenhuma, uma das chaves para o sucesso é conquistar a plateia. Preocupe-se sempre com isso e diga para si mesmo: EU PRECISO CONQUISTAR ESSA PLATEIA. Essa mensagem fará você prestar atenção e se lembrar da importância da plateia, e não só ficar preocupado com o conteúdo, ou com a fala, e sair abrindo a boca como um gravador ambulante.

Muitos palestrantes colegas de profissão erram nesse ponto. Sobem no palco tão preocupados com a mensagem, o texto e a duração da palestra, que se esquecem completamente de conquistar as pessoas que estão ali assistindo. Agem como se fossem gravadores ambulantes.

Pelo amor de Deus, **fale com paixão, defenda sua causa, seja verdadeiro**, erre, divirta-se, chore! Fale com uma paixão absurda!

Tenha sempre uma grande ideia central para ser comunicada. E ela deve ter dois componentes principais: seu ponto de vista e o que está em jogo.

A grande ideia precisa expressar a sua perspectiva de um assunto, não pode ser uma generalização, como, por exemplo, "os resultados do primeiro semestre da empresa". Se for uma visão geral, sem o seu ponto de vista, basta enviar um e-mail às partes interessadas e pronto.

O que está em jogo? Você também quer transmitir a razão pela qual a plateia deveria dar atenção à sua perspectiva. Isso ajuda as pessoas a reconhecerem a necessidade de agir, em vez de manter a situação tal como ela está.

Diante da pergunta "Sobre o que é a sua apresentação?", a maioria das pessoas costuma responder com uma frase genérica do tipo "Novas técnicas de vendas". Essa não é uma grande ideia, é apenas um tópico — não existe nenhum ponto de vista, nada em jogo. Mude-a para "Você precisa aprender três novas técnicas de vendas que têm provocado crescimento de x vezes após a aplicação". Você já acrescentou seu ponto de vista, mas ainda precisa deixar claro o que está em jogo. Sendo assim, experimente isto: "Vendedores correm sério risco de não baterem a meta se não aprenderem três novas técnicas de vendas que têm provocado crescimento de x vezes após sua aplicação." Percebeu a diferença de impacto no momento da fala com o seu ouvinte/cliente?

VOCATIVO

Tecnicamente falando, vocativo é o cumprimento ao público, são os momentos iniciais, nos quais certamente todas as atenções estarão voltadas para você (até você perdê-las caso faça alguma coisa errada).

Via de regra, é uma forma educada de nos dirigirmos ao público, chamando a sua atenção para a nossa presença. O vocativo deve ser um tipo de abraço que damos no auditório, mais ou menos o mesmo comportamento caloroso que temos quando cumprimentamos um amigo. Lembre-se: ele faz parte da introdução, cujo objetivo é conquistar a plateia.

O vocativo "Senhoras e senhores" resolve a maioria das situações, pois é respeitoso para qualquer tipo de público, evita a quebra de ritmo e não cansa o auditório com os intermináveis cumprimentos. Já para um grupo de subordinados ou colegas de trabalho, com quem nos relacionamos há muito tempo, é suficiente algo menos formal. Que tal "Olá, pessoal" ou "Como vão todos?" ou "Muito bom dia, gente". Enfim, seja seu vocativo mais discreto e formal ou mais espalhafatoso e informal, o importante é que esteja alinhado com o nível da plateia e tenha por objetivo conquistá-la em poucos segundos. Crie o seu próprio estilo de vocativo.

Líderes sempre são chamados para participar de solenidades formais. Portanto, é importante conhecer regras de protocolo e cerimonial. No caso de uma solenidade ou reunião com mesa composta de autoridades ou superiores, informa-se antes sobre as regras e protocolos.

Evite iniciar uma apresentação contando piadas para o auditório, a não ser que você vá fazer uma apresentação de stand-up comedy, porque o risco de dar algo errado e marcar negativamente toda sua fala é muito grande.

O início da apresentação é o pior momento que enfrentamos. Você chega na frente do auditório, tenta encontrar a melhor posição em frente ao público, tenta ouvir o som da própria voz e conquistar o auditório, enquanto a adrenalina corre solta no corpo. Bate a insegurança do tipo "E se eu não agradar?" E se a sua piada não for boa e engraçada? Então o silêncio do auditório te deixará constrangido e prejudicará o restante da apresentação. Por isso, se puder evitar, evite e conte a piada após uns quinze minutos, quando a plateia já estiver em suas mãos.

Uma linha de roteiro muito comum e de sucesso tem três fases, que são as seguintes:

1. Conte sobre o que falará.
2. Fale.
3. Conte sobre o que falou (resumo).

Nessa fase da conclusão, as palavras precisam ser dirigidas mais para o sentimento do que para a razão. Entretanto, se sentirmos o auditório/aluno frio e não receptivo a mensagens emocionais, devemos considerar esse estado de espírito e concluir com informações leves, que não forcem a emoção além do que a plateia /sala está preparada para receber.

Podemos concluir de duas maneiras: aumentando a velocidade e a intensidade da fala ou diminuindo a velocidade e a intensidade da fala. O "Muito obrigado" no final é, quase sempre, uma forma de o orador dizer que terminou de falar. Se a inflexão da voz for correta, para encerrar, ele nem precisará desse recurso. É recomendável também inclinar o corpo levemente para a frente e abaixar o pescoço como forma de humildade e respeito à plateia.

O IMPROVISO

Ser comunicador requer a habilidade de improviso. Como já vimos no Capítulo Três, intitulado "O caminho para o sucesso. Invista em você", é muito importante ler bastante, viajar e ter conteúdo de reserva em sua mente, porque, quando precisar de um improviso, seu cérebro terá estoque de conteúdo, e ficará fácil de improvisar.

Já falamos aqui também que, quanto mais natural e espontânea for à comunicação, melhor. Por isso, o improviso é essencial: **quando improvisamos, estamos colocando toda nossa habilidade de comunicação natural a serviço da fala.** Ao contrário do que muitos imaginam, improvisar nada tem a ver com "falar sobre o que desconhece". É exatamente o contrário disso: improvisar significa "falar sobre o que se conhece" com total propriedade, fluência e naturalidade, exatamente porque a pessoa domina tão bem o assunto, que ela é capaz de improvisar e não precisa ficar presa a um script ou anotações.

Vamos conhecer três dicas importantes na hora de improvisar:

DICA 1

Não misture improviso com leitura. Isso atrapalhará o desenvolvimento da sua ideia e poderá fazer com que você coloque no meio do improviso trechos da leitura que não se ligam à ideia ou à estrutura de composição da frase. Ao misturar improviso com leitura, você estará aumentando sua carga de tensão, pois não terá 100% de controle sobre a comunicação (parte está escrita e parte está na sua cabeça).

DICA 2

Não inicie uma frase sem saber ao certo qual a ideia que ela contém e como ela terminará. Pense antes de falar. Há pessoas em que a língua é mais rápida que o cérebro. Você precisa ser o contrário.

DICA 3

Considere sempre que as ideias são mais importantes do que as palavras. Quando você quer transmitir uma ideia e tem a clara noção do que ela significa, não corre o risco de ter o famoso "branco", quando somem as palavras. É simples: não procure as palavras, e sim concentre-se na ideia do que quer transmitir. Desse modo, se você tiver conteúdo, as palavras virão naturalmente.

RELAXE E DIVIRTA-SE

Bons oradores sempre parecem relaxados ao subir no palco. Para chegar nesse nível de habilidade, é necessário praticar as suas apresentações até o ponto em que se está tão familiarizado com o que está sendo dito, que o tema flui com naturalidade. Grave a sua apresentação e preste atenção na sua fala, na sua linguagem corporal e na forma como as coisas são ditas. Treine com o maior número de pessoas, converse sobre o tema com amigos, para ganhar familiaridade com ele, e converse sobre o assunto na informalidade.

A repetição leva à excelência, porque é caminhando que se descobre o caminho. Se você for falar em público somente quando estiver 100% pronto, sentimos muito informar, mas isso nunca acontecerá. Você nunca estará pronto. Nós sempre estamos evoluindo e aprendendo. Você não precisa estar pronto, só precisa estar melhor que os outros que te assistirão.

Você já sofreu com o tal BRANCO? Geralmente, ele ocorre em pessoas que não se prepararam, essa é que é a verdade. Já ouvi dizerem: "Eu conheço o assunto profundamente, e mesmo assim deu branco."

Conhecer o assunto é uma coisa, mas se preparar para falar dele é outra. A primeira causa do "branco" é o desconhecimento, e a segunda maior causa é a falta de ensaio, de treino, de planejamento. É nessa segunda causa que muitos oradores caem e se machucam.

Marque as palavras-chave e deixe-as em uma listinha colada onde possa ver. Nós normalmente deixamos uma listinha dos assuntos principais ao lado do notebook ou do copo com água. Assim podemos consultar sem que a plateia perceba. É uma espécie de cola que ajuda a não esquecer nenhum ponto importante na fala.

Outro recurso também é colocar notas no rodapé do slide. Essas anotações são muito úteis, porque você as vê, mas seu público não.

Veja na ilustração abaixo:

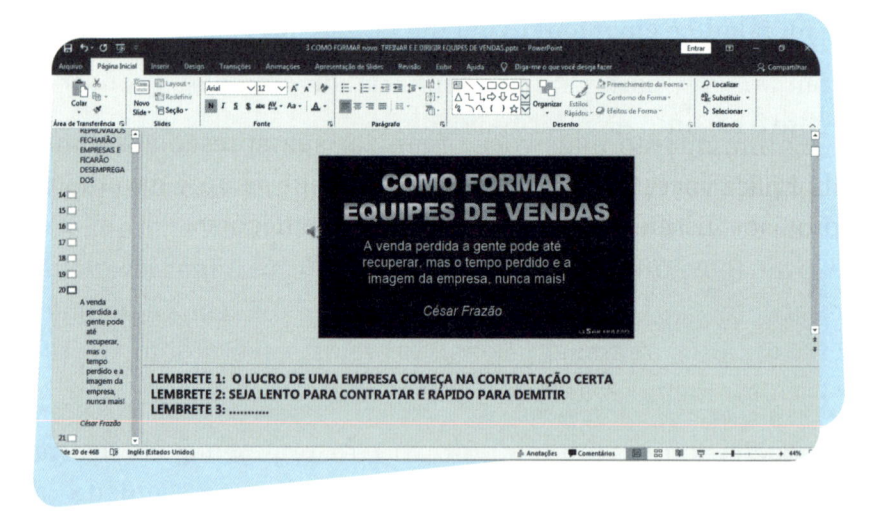

Quando vamos preparar um discurso ou uma palestra, nós (Frazão e Franco) geralmente dividimos o conteúdo e o tempo disponível. Vamos supor que tenhamos uma hora para uma palestra em um grande congresso nacional para milhares de pessoas:

Começo – Tempo: 15 minutos

Objetivo: cumprimentar a todos com alegria, conquistar a plateia, ganhar sua confiança e explicar a importância do assunto ou do problema em questão.

Meio – Tempo: 35 minutos

Objetivo: demonstrar todo o conteúdo e as soluções propostas pelas quais eles pagarão para ter e que você é obrigado a entregar.

Fim – Tempo: 10 minutos

Objetivo: concluir as soluções, fazer um resumo de tudo que foi falado e emocionar com um grande fechamento.

Enfim, quanto mais você organizar sua apresentação, melhor para você. Mas não se estresse, porque sempre haverá improvisos. Essa é a parte mais divertida do negócio.

GRAVE NA MEMÓRIA

1. Anote tudo o que for falar, ou os principais pontos. Mas não confie na sua memória, pois você poderá esquecer pontos importantes, e a oportunidade nunca mais voltará.

2. Preocupe-se em conquistar a plateia, seja ela qual for. Não cometa o erro de só se preocupar com o conteúdo e se esquecer da plateia.

3. Faça uma excelente abertura (vocativo). Você nunca terá uma segunda chance de causar uma boa primeira impressão.

4. Planeje sua fala em três partes:

    a. O que falará e a importância do assunto.

    b. A fala, o conteúdo e as soluções.

    c. O resumo do que foi dito e muita emoção para finalizar.

5. Seja feliz, divirta-se, relaxe. Por mais preparado que estiver, o improviso sempre fará parte do show.

MAPA MENTAL

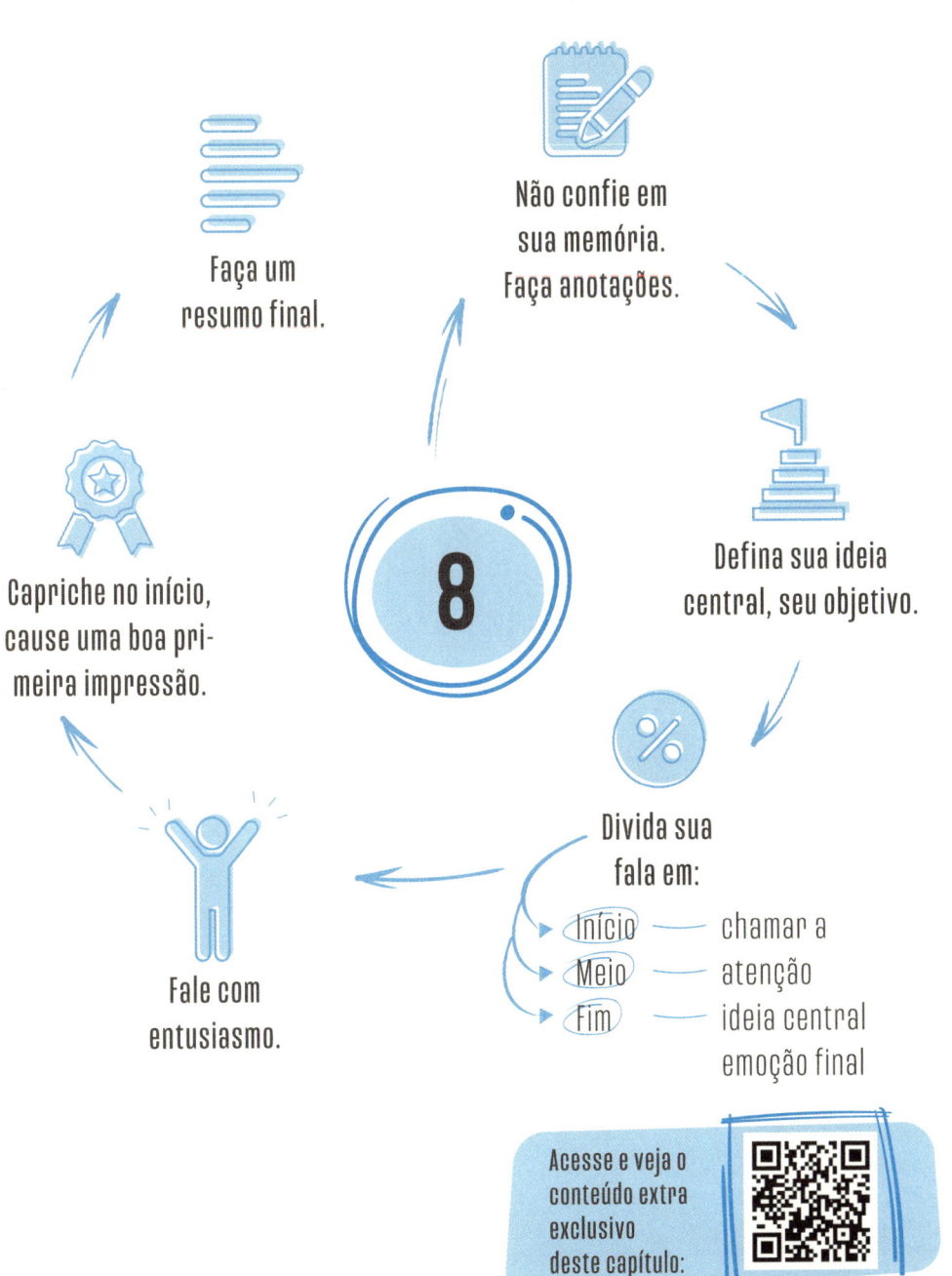

O PODER DA FALA COMEÇA COM UM BOM ROTEIRO

8

Não confie em sua memória. Faça anotações.

Defina sua ideia central, seu objetivo.

Divida sua fala em:
- Início —— chamar a atenção
- Meio
- Fim —— ideia central / emoção final

Fale com entusiasmo.

Capriche no início, cause uma boa primeira impressão.

Faça um resumo final.

Acesse e veja o conteúdo extra exclusivo deste capítulo:

capítulo
NOVE

APRENDA A USAR OS RECURSOS CORRETAMENTE

"O hábito é o melhor mestre em todas as coisas."
– Plínio, o Velho

Aprender e criar o hábito para lidar com os recursos disponíveis é fundamental na carreira.

Aqui está um capítulo muito importante, porque não saber usar corretamente os recursos disponíveis para uma boa apresentação derruba muitos palestrantes ou vendedores.

Você pode vender ou convencer multidões usando somente suas palavras, e não há nada de errado nisso, mas fica muito mais fácil se você usar recursos audiovisuais como apoio. Desde que os use corretamente, senão o efeito será o contrário.

MICROFONE

O ideal é ter seu próprio microfone, se você for usá-lo com frequência, pois assim se acostumará com ele. Mas se for falar só de vez em quando, o melhor a fazer é testá-lo com antecedência para regular o volume, ganho, grave, médio e agudo que qualquer mesa de som tem.

Encontre sua posição preferida com o microfone. Não existe uma regra. Conheço um dos maiores palestrantes do país, que fala com o microfone longe da boca e baixo, na altura do peito, e é um sucesso. Eu já prefiro falar com o microfone bem perto do queixo, me sinto mais à vontade e com a voz mais forte.

Descubra como se sente melhor, mas tenha em mente que uma coisa importante é não variar a distância dele. Se for falar com ele perto da boca, fale o tempo todo assim; se for falar com ele distante, mantenha-o distante o tempo todo também. Porque qualquer variação alterará o volume das caixas, e isso é ruim para a comunicação. A voz deverá ser sempre projetada forte e clara, mas sem excesso. Uma voz cansada entedia a plateia, e uma voz alta demais irrita e cansa.

FLIP CHART

Para quem não sabe, é aquele cavalete com folhas de papel. É um recurso muito bom ao se falar para grupos pequenos, para gravar vídeos para demonstrações na internet, videoconferências ou em locais onde não há estrutura de som e imagem.

Evite escrever na base do improviso, e sempre que possível, prepare antes as folhas que usará, caprichando bastante nas letras, gráficos e desenhos. Use setas para cima se quiser indicar sucesso. Circule palavras se elas forem importantes. É legal também usar várias cores, para a apresentação ficar bem bonita.

QUADRO BRANCO

Segue o mesmo princípio do flip chart, mas fica em uma parede. Pode ser de grande ajuda em uma reunião, por exemplo. Nosso conselho é preparar antes, em uma folha A4, um rascunho do que pretende esboçar no quadro.

Não revele tudo, deixe espaços em branco e setas apontando para círculos em branco. Isso causará curiosidade na plateia, e na hora certa você escreve a tal palavra importante, porque assim isso terá alto impacto na sua apresentação. Por exemplo, você pode escrever no título do quadro 3 maneiras para ganhar mais dinheiro e logo abaixo desenhar três círculos. Ou somente os números 1, 2 e 3. As pessoas ficarão loucas para saber quais serão as três coisas, e isso terá um impacto muito maior do que se já tiver tudo escrito na tela quando elas entrarem na sala.

SLIDES

Sobre o uso de slides no Power Point, gostaríamos de dar seis dicas que poderão salvar sua apresentação e ajudar você a conquistar seu objetivo. Somos todos comunicadores visuais inatos. Volte no tempo. Lembre-se dos seus primeiros anos de vida escolar. Tínhamos giz de cera, tinta para pintura a dedo e argila para moldar nossa expressão. Nada de processador de texto ou planilha. A comunicação eficaz por meio dos slides é uma exigência atual presente em diversas situações, quer você goste ou não. E as escolas tradicionais não ensinam seus alunos a produzir ou usar as imagens produzidas nos slides. Como resume a especialista norte-americana em design de slides Nancy Duarte no livro *Slide:ology — A Arte e a Ciência para Criar Apresentações que Impressionam*, "muitas vezes, as apresentações são a última impressão que um cliente tem de uma empresa antes de fechar (ou não) um negócio comercial". Aprenda a produzir e usar essa ferramenta!

DICA 1

Menos é mais. Evite slides com muito texto, porque as pessoas não leem e perderão a concentração. A atração principal deve ser você, e não o slide.

DICA 2

Não fique lendo o slide, isso é ridículo. As pessoas sabem ler. O slide é para reforçar a sua fala. Enquanto o slide está projetado, conte uma história, dê um exemplo ou aponte com o laser algo que queira destacar.

Fui elogiado ao final de uma palestra no Maksoud Plaza, um elogio não muito comum de um participante que se aproximou e falou: "Parabéns pela sua didática, sua sensibilidade! O senhor foi o único palestrante que, ao projetar um slide com texto, não ficou lendo o texto na tela como se fôssemos idiotas, mas sim permaneceu em silêncio dando alguns segundos para que pudéssemos ler e refletir sobre a frase exibida no slide."

DICA 3

Quando for mostrar vários itens em um único slide – por exemplo, dez maneiras de conseguir sua independência financeira –, jamais projete os dez itens de uma vez. Esse é um erro que mais de 90% das pessoas cometem.

Porque enquanto você estiver lendo o primeiro, as pessoas já estarão lendo o oitavo item e não estarão prestando atenção na sua fala. No Power Point há um recurso em animações que permite que você selecione os itens, e ao clicar, entrará apenas um item por vez.

DICA 4

Use imagens bonitas. Às vezes, uma imagem diz muito mais do que muito texto escrito. Alterne entre imagens e textos.

Uma boa imagem vale mais que mil palavras... Emocione as pessoas com imagens. Por exemplo, se quero falar da arrecadação de fundos para uma ONG, é muito mais persuasivo utilizar esta imagem de crianças doentes, pobres e famintas do que simplesmente falar.

O ABUTRE ESPERANDO A MORTE PARA SE ALIMENTAR...

Entendeu a força de uma imagem?

DICA 5

Não preencha o slide todo. Espaços em branco são bons.

DICA 6

Use números e pesquisas científicas para comprovar suas ideias. As provas ajudam a ganhar confiança. Não se pode discutir diante de um fato.

VÍDEOS E MÚSICAS

Eis aqui duas ferramentas importantes que a maioria das pessoas desperdiça ou por desconhecimento ou por preguiça nas apresentações.

Usar trechos de filmes ou músicas como fundo, abertura ou fechamento de apresentações dá um tempero todo especial e pode significar a diferença entre o fracasso e o sucesso de uma fala.

Pense em quantos milhões de dólares são gastos em uma produção de Hollywood, e você tem tudo isso a sua disposição para turbinar e enriquecer sua apresentação, seja ela qual for.

Trechos de filmes estão disponíveis aos montes no YouTube. Escolha alguns que tenham a ver com a sua mensagem e faça uso desse recurso incrível para encantar pessoas.

Quando precisar passar uma mensagem motivacional, use uma música forte, para cima, motivada. Quando precisar emocionar e causar reflexões, use uma música calma, instrumental, e assim por diante.

O mesmo vale para os filmes. Peça uma ajudinha aos grandes atores, atrizes e megaproduções para gravar sua mensagem na mente e no coração das pessoas.

E, por fim, trate os seus ouvintes como reis e rainhas. Eles não vieram a sua apresentação para vê-lo. Eles vieram para ver o que você pode fazer por eles. Sucesso significa dar-lhes um motivo para tomar o tempo deles, fornecendo conteúdo que cause reflexão e assegurando que fique claro o que eles devem fazer.

GRAVE NA MEMÓRIA

1. Teste o microfone com antecedência e regule-o de acordo com sua voz e o ambiente. A qualidade do som também é sua responsabilidade.

2. Prepare com antecedência seu flip chart ou rascunho que utilizará no quadro branco.

3. Slides com menos texto são melhores, e às vezes uma imagem pode valer mais do que mil palavras. Quando for apresentar tópicos, coloque-os um por vez e jamais os exiba simultaneamente na tela.

4. Sempre que possível, use vídeos e músicas para dar mais brilho e força às suas apresentações.

MAPA MENTAL

APRENDA A USAR OS RECURSOS CORRETAMENTE

9

Use o máximo de recursos na fala para transmitir sua ideia.

- ▶ Microfones
- ▶ Slides PPT
- ▶ Músicas
- ▶ Flip chart
- ▶ Iluminação
- ▶ Efeitos especiais
- ▶ Quadros brancos
- ▶ Vídeos
- ▶ Texto de apoio

Acesse e veja o conteúdo extra exclusivo deste capítulo:

capítulo DEZ

DOMÍNIO DE PALCO, SALA E LOCAL DE VENDAS

"Nada é mais forte que o hábito."
– Ovídio

Três fatores são fundamentais em uma boa palestra, reunião ou apresentação de vendas. São eles: conteúdo profundo sobre o tema, humor na dose certa e domínio de palco.

Entenda-se por palco não somente um palco clássico de um teatro ou centro de convenções, mas qualquer espaço onde você atuará para fazer sua apresentação.

O palco pode ser uma sala de reuniões, um salão de vendas, uma igreja, um call center ou mesmo uma sala de casa onde se faz uma apresentação de vendas da Tupperware para amigos.

É importante você entender e se acostumar com a ideia de que, no momento da sua fala, você é a estrela e pode ocupar todo o espaço que lhe foi dado. Se for um palco para palestra, ande em todo o palco de uma ponta a outra, olhe para toda a plateia, para a frente e para o fundo, cubra toda a plateia com seu olhar. Evite ficar parado em um lugar só, atrás do púlpito, por exemplo.

Caso se sinta confiante e seja permitido, desça e ande pela plateia enquanto fala. Isso causa um efeito incrível nos participantes. É como se o cantor descesse do palco e fosse cantar uma música no meio deles. É um momento mágico para todos. E isso mostra também que você está muito seguro em relação a si mesmo e ao conteúdo proposto.

Comunique o que está dentro de si com toda sua força e técnica disponível. Fale com vontade, com força, com paixão, e assim realizará todos os seus sonhos. Nós garantimos.

Em salas de reunião e treinamentos, escolha a melhor posição, e se necessário, mude as mesas de lugar. Escolha também a melhor posição para seu notebook, porque você precisará estar confortável para fazer um bom trabalho.

Um estudo realizado pela Universidade da Califórnia, em Los Angeles, mostra que os ouvintes são impactados (sempre) pela comunicação verbal e não verbal — palavras, tom de voz e gestos. Cuide da congruência entre aquilo que você fala e o que mostra. Um dos grandes erros no momento da venda é você fazer, por exemplo, uma afirmação verbal e negar o que disse com a cabeça.

Os gestos são muito impactantes. Antes mesmo de abrir a boca, a sua postura corporal já disse muito sobre você. Não quer dizer que você não deve dar máxima atenção ao conteúdo, que é a razão de ser de qualquer apresentação, mas se você se preocupar só com o conteúdo e não der seu show, nunca terá sucesso de verdade.

DIVIDA O PALCO

Fazer uma apresentação com momentos de interatividade é uma excelente estratégia e lhe trará vários benefícios. Então faça uma apresentação interativa. Convide alguém para dar um depoimento ou falar algo no meio da sua fala.

Isso mexe com todos, deixa a apresentação mais dinâmica e engrandece você como orador. Chame alguém para dar depoimento sobre tal fato apresentado, porque o cérebro gosta de variedade e novidade. Quando você já está falando a um certo tempo, é bom variar para não ficar monótono.

Permita que sua audiência seja parte da apresentação fazendo alguma ação que enriqueça sua mensagem.

Mostre toda sua habilidade e domínio conduzindo uma espécie de "talk show", ou faça uma entrevista, ou, ainda, convide pessoas para contar suas histórias e casos de sucesso. Tudo isso pode levantar e dar vida extra a sua apresentação.

Além do mais, mostra sua grandeza e humildade indiretamente ao dividir a atenção com outra pessoa. Isso motivará ainda mais a plateia a seguir suas ideias.

DOMÍNIO DE PALCO

Use gestos e palavras fortes em cada bloco de informação. **Olhe nos olhos das pessoas, e não vagamente para o auditório. Você está falando com pessoas, e não com paredes.**

Organize com antecedência o local onde falará, chegue uma hora antes da apresentação para se ambientar, se for possível. Ande pelo espaço e marque o território por onde circulará durante sua fala.

Escolha qual será melhor posicionamento tanto de seu notebook quanto de suas anotações. Escolha o local que seja melhor para você, que faça com que você se sinta bem, e não aquele determinado por acaso. Tudo isso influenciará o resultado da sua fala.

Faça gestos com as mãos, eles ajudam a dar ênfase na sua mensagem e fazem com que as pessoas memorizem melhor.

GRAVE NA MEMÓRIA

1. Fique à vontade e explore toda a área que tiver para falar.

2. Se possível, chegue ao local com antecedência e escolha a melhor posição para falar.

3. Em momentos estratégicos, divida a cena com outros participantes. Isso engrandecerá você e sua apresentação.

MAPA MENTAL

DOMÍNIO DE PALCO, SALA E LOCAL DE VENDAS

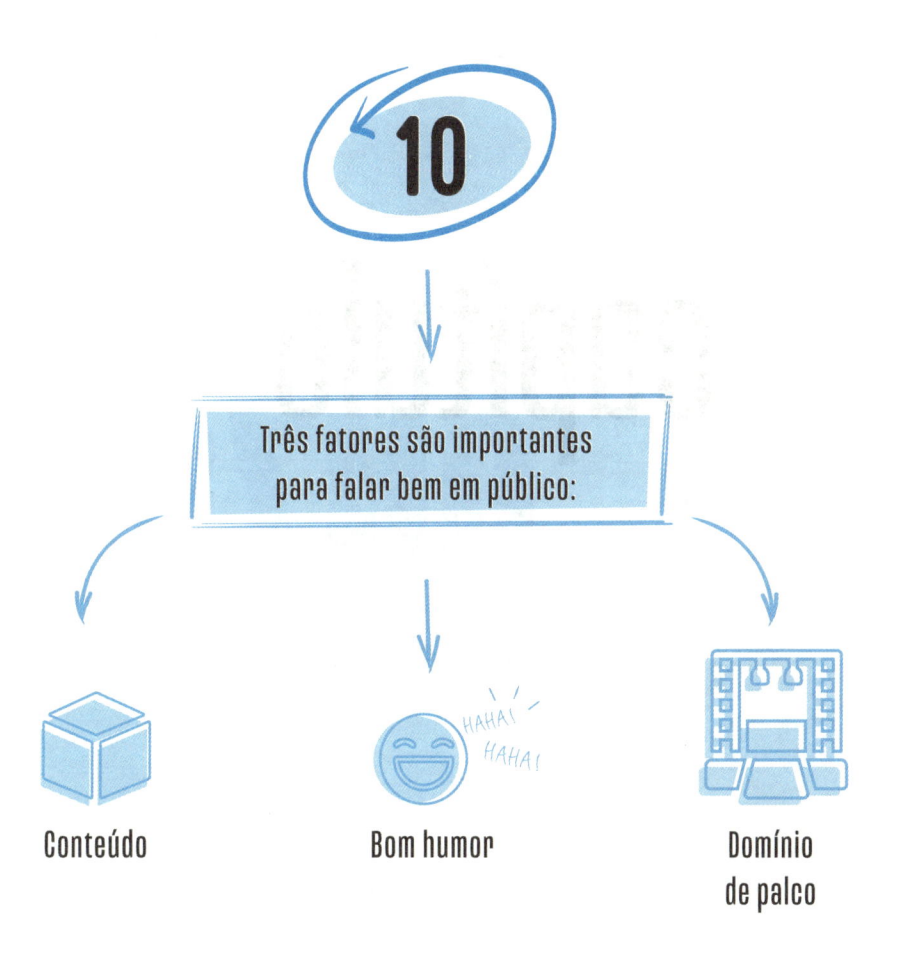

10

Três fatores são importantes para falar bem em público:

- Conteúdo
- Bom humor
- Domínio de palco

Acesse e veja o conteúdo extra exclusivo deste capítulo:

capítulo ONZE

COMO FAZER UMA APRESENTAÇÃO DE IMPACTO E INFLUENCIAR PESSOAS

> "Você nunca terá uma segunda chance de causar uma boa primeira impressão."
> – *Autor desconhecido*

Para conquistar pessoas, em primeiro lugar você precisa fazer o básico: sorrir, olhar nos olhos, ser simples, simpático e educado. É impossível encantar o público se você não estiver bem consigo mesmo.

É normal a desconfiança do público no início (entenda-se por seu público clientes, alunos, chefe, plateia, enfim, as pessoas com quem você deseja falar e que quer influenciar a favor de determinada ideia). Os ouvintes desconhecem a sua competência sobre o assunto, portanto, sutilmente demonstre a sua autoridade e conhecimento. Com isso, a plateia tende a se tornar dócil e receptiva a sua fala por conhecer a sua autoridade.

Logo no início, cite uma frase ou pensamento de uma pessoa famosa e respeitada pelos ouvintes. Escolha uma que tenha a ver com o assunto abordado, e haverá boas chances de que a credibilidade desse autor seja transferida para você, que conquistará uma autoridade imediata.

Outra técnica prática para criar autoridade no assunto é mostrar os seus resultados com aquele tema que será tratado. Certa vez, em um congresso, os oradores iam falando uns atrás dos outros. O ritmo era frenético, os assuntos eram trazidos e, muitas vezes, despejados na cabeça dos ouvintes.

Até que chegou o penúltimo deles, já no entardecer. Com a plateia cansada e desatenta, ele foi anunciado. Subiu ao palco e, durante cerca de cinco segundos, ficou olhando fixamente cada presente naquele local, em um silêncio "ensurdecedor"! Até que soltou a seguinte frase: "O que irei falar para vocês a partir de agora mudou a minha própria vida e me permitiu estar hoje aqui na frente de vocês. Se alguém quer aprender a vender cinco vezes mais e se tornar multimilionário no mercado imobiliário, vou te ensinar técnicas e dicas práticas." O cansaço dos clientes desapareceu imediatamente.

VILÃO X HERÓI

Os super-heróis só existem graças aos vilões. Em uma apresentação, use essa técnica, que também é conhecida como ferir e curar. Primeiro fale do problema, da dor, do prejuízo e em seguida apresente a solução que você está levando.

O público que você quer convencer precisará entender que tem um problema para o qual você tem a solução. Muitos vendedores, gerentes e palestrantes comprometem suas apresentações e têm resultados ruins porque erram nesse ponto.

Outra técnica muito útil é "terceirizar o problema". Calma, explicaremos. Sempre que você precisa fazer uma citação e sabe de antemão que aquela fala "incomodará" demasiadamente os ouvintes, faça perguntas, em vez de afirmações. Em vez de dizer "Você é desatento", prefira perguntar "Quantos aqui conhecem pessoas desatentas?" Desse modo, imaginarão alguém, a objeção inicial cairá, e os ouvintes continuarão atentos a você.

NÚMEROS

Curiosidade: Embora sejam denominados arábicos, os algarismos que hoje utilizamos foram criados pelos hindus. Eles ficaram conhecidos como **arábicos**, pois foram os árabes que os trouxeram para o Ocidente, por volta do ano 770 d.C. O formato deles foi traçado de modo que cada símbolo tenha uma quantidade de ângulos correspondente ao número que designa, ficando assim:

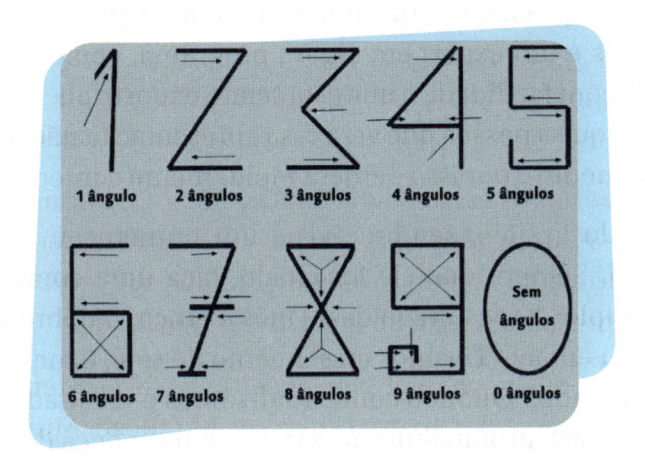

1 ângulo	2 ângulos	3 ângulos	4 ângulos	5 ângulos
6 ângulos	7 ângulos	8 ângulos	9 ângulos	0 ângulos

Os números são poderosos aliados para causar impacto em uma apresentação porque eles transmitem exatidão, veracidade e convicção.

Quando um vendedor fala "Meu produto tem alguns benefícios...", isso é muito mais fraco e menos persuasivo do que se ele falasse "Meu produto tem **quatro** benefícios".

Embase seus argumentos com números, porque todos querem economizar ou lucrar, e os números ajudarão a transmitir essa ideia.

GRÁFICOS, TABELAS E DADOS TÉCNICOS

Cuidado com o excesso de uso desses recursos. Quando usados com moderação, eles podem ajudar na venda. Mas quando utilizados em excesso, confundem a cabeça de quem está assistindo, e isso leva o cliente a não comprar, por exemplo.

O grande problema é que quem geralmente prepara gráficos ou tabelas é um expert em algum programa, como o Excel, e entende com facilidade o que está sendo exposto ali, mas se esquece de que a pessoa que verá essa apresentação não tem esse conhecimento e por isso perderá rapidamente o interesse nela.

Em todo gráfico, sempre existe um número ou resultado principal. Sempre que ele for citado, faça uma comparação. Por exemplo: "O resultado deste mês é cinco, o dobro do previsto." Ou então: "Tivemos crescimento de sete, é mais do que o mês passado." Quando contextualizamos o resultado principal do gráfico, produzimos uma imagem na cabeça do ouvinte que o ajuda a memorizá-lo.

LEI DO CONTRASTE

Não tenha medo de oferecer alto. Pense grande e não pense com seu bolso, porque o que é caro para você pode não ser para o cliente. Águias não caçam moscas.

Pode ser que o cliente compre após uma primeira oferta alta, mas se ele não comprar, ainda assim ela lhe ajudará a vender a segunda oferta, um pouco mais baixa, porque o cliente terá a sensação de estar economizando. Exemplo:

O vendedor oferece uma camisa ao seu cliente por R$450,00, e o cliente acha caro. Em seguida, o vendedor oferece uma camisa similar por R$340,00. Isso causará a sensação no cliente de que ele está levando uma camisa parecida com a mais cara apenas com alguma pequena diferença e com uma relação custo-benefício na qual economizará R$90,00.

CARACTERÍSTICAS X BENEFÍCIOS

Aqui está o maior erro de todos em apresentações responsáveis pela perda de milhões de reais todos os dias em negócios que são perdidos.

Características explicam e benefícios convencem. Há pessoas que são verdadeiras especialistas no que falam e vendem, ainda assim, não ganham tanto dinheiro quanto gostariam de ganhar e vivem uma vida difícil cheia de privações. Ora, por que não ganham dinheiro e não têm sucesso se são especialistas?

A resposta é simples: porque, para convencer alguém, você precisa emocionar essa pessoa, e o que emociona é o benefício, e não a característica.

Benefício é emoção, é coração. Característica é razão, é cérebro. Para se chegar ao bolso de uma pessoa, você precisa passar pelo coração dela, porque características explicam, mas são os benefícios que convencem.

As pessoas e os empresários fazem negócios pela emoção e usam a razão para justificar o que compraram. Exemplos:

Característica	Pense	Diga...	Benefício
Chuveiro moderno	E DAÍ?	Isso significa...	Beleza e economia de energia
Facas novas afiadas	E DAÍ?	Isso significa...	Cortes rápidos, bonitos e perfeitos
Carro híbrido	E DAÍ?	Isso significa...	Economia, baixo custo e ecológico
10% a mais de cafeína	E DAÍ?	Isso significa	Mais energia e disposição para você

Esteja sempre atento às necessidades de seu cliente, seu público, sua plateia. Fale sobre os benefícios que lhes resolverão os problemas, como ganhar dinheiro, parar de perder cliente, ter segurança, ter tranquilidade, ter mais saúde...

Esses são os segredos para se fazer uma apresentação de alto impacto e vender suas ideias, sejam elas quais forem.

GRAVE NA MEMÓRIA

1. Capriche no início da apresentação, porque ele determinará o tom do restante.

2. Mostre o problema antes de falar da solução. Você é a solução.

3. Números podem dar mais peso e credibilidade a sua fala.

4. Cuidado com o excesso de gráficos e termos complicados. Não adianta falar e mostrar coisas difíceis e não vender.

5. Use a lei do contraste em suas apresentações.

6. Venda benefícios, e não características. Características explicam, e os benefícios convencem.

MAPA MENTAL

COMO FAZER UMA APRESENTAÇÃO DE IMPACTO E INFLUENCIAR PESSOAS

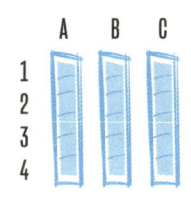

11

- Use gráficos, tabelas e apelos visuais.
- Sorria e olhe nos olhos.
- Use números para dar credibilidade a sua fala.
- Cite algumas frases de impacto.
- Mostre o problema primeiro e a solução depois.
  - Doença — Cura
  - Vilão — Herói

Acesse e veja o conteúdo extra exclusivo deste capítulo:

capítulo DOZE

TÉCNICAS DE ORATÓRIA. COMO "SE VENDER" E SAIR DA GUERRA DE PREÇOS

"Se você falar com um homem numa linguagem que ele compreende, isso entra na cabeça dele. Se você falar com ele em sua própria linguagem, você atinge seu coração."
— Nelson Mandela

Não importa o que você venda nesta vida, seja qualquer tipo de produto ou qualquer serviço para a classe A ou para os mais simples e desfavorecidos, você sempre terá que "se vender" para conquistar seus objetivos.

Seja você vendedor, arquiteto, músico, chef de cozinha, professor, coach, palestrante, gerente ou empresário, você terá que se vender. Muitos não têm essa consciência de que estamos o tempo todo vendendo nossas ideias e nossa imagem.

Você terá que se vender ao tentar renovar um contrato com um cliente, passar em uma entrevista de emprego ou conquistar uma promoção.

Recentemente, treinamos um grupo de dentistas de uma grande franquia com técnicas de oratória contidas neste livro para conseguirem vender melhor seus serviços. Tecnicamente eram todos excelentes, mas horríveis de vendas na hora de dar o preço e fechar negócios. Exageravam nos termos técnicos, achando que "falar difícil" para ouvintes leigos era uma forma de mostrar autoridade. O paciente não entendia a mensagem e, com vergonha de admitir (não entendi nada do que disse), simplesmente ia embora e não fechava o negócio.

Defina o seu objetivo. É algo tão óbvio quanto é esquecido. Eu me surpreendo com a grande quantidade de pessoas que vão negociar algo e não têm claramente o objetivo definido do que querem conquistar.

Sua grande ideia é a mensagem crucial que você deve transmitir. É ela que impele os ouvintes e clientes à mudança de rumo (os roteiristas a chamam de ideia central).

Não saber o destino é o primeiro passo para ficar perdido. Não saber o quanto quer ganhar é o primeiro passo para aceitar qualquer oferta pelo seu trabalho.

Calma! Não aceite qualquer oferta. Se ficar em dúvida, não dê uma resposta na hora. Pese mais, peça a opinião de alguém em quem confia e tome uma decisão mais baseada na razão do que na emoção.

Não tenha medo de ganhar dinheiro e pedir alto pelos seus serviços. Sempre terá alguém disposto a pagar seu preço se você tiver qualidade. Conhecemos muitos bons profissionais na arte de falar em público que não ganham dinheiro suficiente para se manter porque não sabem cobrar o quanto valem.

Estava com meu amigo Rejiano Vedovatto no lançamento de um livro em São Paulo, quando ele falou algo muito inteligente, que desde então levo em consideração quando vou me preparar para vender algo.

> **" SE VOCÊ FAZ O QUE TODO MUNDO FAZ,
> QUANTO VALE O QUE VOCÊ FAZ?**
>
> **SE VOCÊ FAZ O QUE TODO MUNDO FAZ,
> MAS DE UM JEITO QUE SÓ VOCÊ FAZ,
> QUANTO VALE O QUE VOCÊ FAZ?**
>
> **SE VOCÊ FAZ O QUE NINGUÉM FAZ,
> QUANTO VALE O QUE VOCÊ FAZ? "**

Leia várias vezes essas frases, até internalizá-las, e use essa filosofia em suas negociações. E pense no seguinte:

SEUS OBJETIVOS DE VIDA.

Se você for muito determinado, conseguirá tudo o que quiser usando a força da oratória a seu favor. Aconselhemos você a pensar em três cenários: curto, médio e longo prazo.

Curto prazo

> Ele é baseado na sua realidade e nos recursos que tem disponíveis hoje, ou, melhor dizendo, que não tem disponíveis hoje.

É baseado na sua situação, o que você tem que fazer. Todos os dias, levante cedo, faça a barba, ou se maquie, vá e faça!

Manter o emprego atual, pegar ônibus, metrô ou trem lotados, comer mal, sair cedo, chegar tarde, sem férias, dívidas. Enfim, a realidade. Mas sem o trabalho, ficará pior ainda. Então faça o que tem que ser feito e pense positivo. É o que você consegue fazer hoje.

Médio prazo

É a evolução, o próximo passo. São projetos paralelos que você precisará desenvolver para dar a virada na sua vida.

É a parte mais difícil da virada. Será trabalhar muito e ver pouco dinheiro, plantar para colher no futuro. A maioria quer ter sucesso, mas não quer pagar o preço para conquistá-lo.

Faça trabalhos extras, entre em redes de vendas, monte um negócio paralelo, volte a estudar e trabalhe nas horas de folga em uma segunda fonte de renda.

Fazendo isso, você terá mais dinheiro para pular do primeiro estágio de só pagar contas para sobreviver.

Mas atenção! Tenha juízo, não gaste tudo que ganhar e não aumente seu padrão de vida, senão voltará ao primeiro estágio e viverá infeliz, como milhões de pessoas vivem hoje, apesar de falarem bem e dominarem a oratória.

Longo prazo

Pense grande, não tenha medo e viva grandes sonhos. Pense em sua grande e confortável casa, seu carro 0km na garagem, suas viagens pelo mundo, jantares em restaurantes em que tem vontade de ir sem se importar com o lado direito do cardápio (o preço) e só olhar o lado esquerdo (o que quer comer).

Faça sua mentalização positiva pelo menos três vezes ao dia. Não se preocupe com COMO conquistará isso. A vida cuidará disso. Apenas mentalize o que quer e vá aos itens de curto e médio prazo. Quando menos esperar, estará vivendo o melhor do mundo.

Outra coisa importante é entender que se vender é fazer mais do que o combinado. Não se economize, não com mentalidade de pobre, pense como dono do negócio. Pequenos favores e trabalhos além do combinado ajudam, e muito, a justificar um valor maior que o da concorrência.

E para isso, use depoimentos de clientes satisfeitos, fotos, vídeos ou qualquer outro meio de prova que endosse suas palavras. Isso é muito importante, porque, no mundo dos negócios, as palavras de um vendedor não são provas.

Você sabia que a maioria (aproximadamente 80%) dos profissionais, quando estão negociando um contrato ou uma venda, ficam tão preocupados em não perder o negócio, que se esquecem completamente de mostrar outros clientes que já compraram ou contrataram seus serviços e estão satisfeitos. Esses depoimentos despertam no futuro cliente um poderoso gatilho mental: o da prova social — tema do Capítulo Vinte.

E, por último, um conselho fundamental que ajudará você a se vender e conseguir o preço desejado: TER UMA RESERVA FINANCEIRA.

A gente sabe que todo começo é difícil e os sacrifícios são grandes. Ainda maiores se você precisar levar dinheiro para casa para sustentar sua família. No começo, trabalhamos cobrando muito pouco porque a necessidade é grande e não temos muita escolha. Isso é normal.

O problema que vemos é que, mesmo após anos de trabalho e uma larga experiência, existem pessoas que vivem de vendas, vivem da sua fala, mas não evoluem financeiramente e continuam cobrando pouco. Consequentemente, levam uma vida miserável e cheia de privações porque não aprenderam a equalizar as contas e guardar dinheiro.

Tem gente que gasta de maneira incontrolável o que recebe, vive no vermelho e sempre está desesperada atrás de dinheiro para pagar as contas do mês. Com isso, essas pessoas perdem poder de barganha e são obrigadas a aceitar qualquer valor pelo seu trabalho.

Se esse for o seu caso ou o de alguém que você conhece, recomendamos que busque ajuda profissional com um consultor financeiro ou lendo um bom livro sobre o assunto (existem vários maravilhosos sobre educação financeira e finanças pessoais), que poderá ajudá-lo a dar a virada em sua vida rumo a sua independência financeira.

Saber se vender, se posicionar e se dar o valor que você merece é tão importante quanto dominar as técnicas de oratória que levam a uma boa apresentação.

RESERVA FINANCEIRA

Não sabemos da sua condição financeira. Talvez seja boa e confortável, então só agradeça a Deus e siga seus objetivos. Você não será obrigado a aceitar qualquer oferta por necessidade.

Mas se você estiver começando como nós começamos, com muita dificuldade, terá que aprender a poupar dinheiro para no futuro ter poder de escolha. Deixe-me explicar melhor.

Quando precisamos de dinheiro para questões básicas do dia a dia, como aluguel, prestações, alimentação, transporte, enfim, contas normais, somos obrigados, por responsabilidade com os credores, a aceitar qualquer trabalho, ruim ou bom, longe ou perto. Porque de pouco em pouco você vai levando a vida.

Agora, se você for disciplinado e guardar dinheiro, com o tempo terá uma boa reserva financeira e poderá se dedicar aos trabalhos melhores e mais rentáveis. Não se trata de esnobar ou ser arrogante, mas é mais inteligente você aceitar um trabalho de uma hora e ganhar R$20 mil do que o trabalho de um dia mais dois de viagem e receber apenas R$400.

Dinheiro guardado significa opção de escolha e paz de espírito.

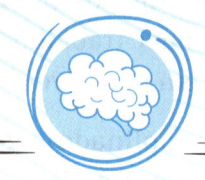

GRAVE NA MEMÓRIA

1. É necessário saber se vender se quiser ganhar dinheiro de verdade. Não basta apenas ser bom tecnicamente no que faz.

2. Se não estiver seguro, não decida na hora. Peça um tempo para pensar e aja mais pela razão e menos pela emoção.

3. Faça mais do que o combinado e adquira uma boa reputação no mercado. Isso ajudará a valorizar seu passe.

4. Use provas de clientes satisfeitos para atestar sua competência.

5. Tenha objetivos claros e bem definidos. O objetivo definido é o ponto de partida para o sucesso.

6. Tenha uma reserva financeira para não ser obrigado a aceitar qualquer trabalho por qualquer valor.

MAPA MENTAL

TÉCNICAS DE ORATÓRIA. COMO "SE VENDER" E SAIR DA GUERRA DE PREÇOS

12

- Explore seus diferenciais em relação aos concorrentes.
- Defina seus objetivos.
  - ▶ Curto prazo
  - ▶ Médio prazo
  - ▶ Longo prazo
- Tenha reserva financeira para poder recusar trabalhos baratos.
- Não aceite o que vai contra seus objetivos.

Acesse e veja o conteúdo extra exclusivo deste capítulo:

capítulo TREZE

A FORÇA DAS PALAVRAS, TOM DE VOZ E GESTOS

"Nenhum ser humano é capaz de esconder um segredo. Se a boca se cala, falam as pontas dos dedos."
– Sigmund Freud

O poder persuasivo também se encontra no tom de voz e nos gestos. Então é de muita importância entendermos que, se não sabemos usar o nosso tom de voz, precisamos buscar ajuda. Imagine um vendedor lhe mostrando um produto e falando muito alto, "quase gritando". Se isso incomoda até os clientes auditivos, imagine os visuais e cinestésicos? O que você acha? Esse vendedor será bem-sucedido? Quais as chances de ele fechar a venda?

A comunicação não é somente a linguagem verbal (fala), ela é feita também por meio da linguagem não verbal (gestos). E todas elas emitem mensagens, que, se não forem interpretadas como deveriam ser, causam verdadeiras catástrofes.

Em certos momentos, você pode aumentar o tom da voz, se for necessário, mas precisamos saber dosar, entendendo cada momento que está sendo apresentado a nós. Isso vale para os gestos, por isso o *rapport* é importante.

Rapport é uma palavra que significa criar uma relação. O conceito de *rapport* é originário da psicologia, utilizado para designar a técnica de criar uma ligação de empatia com outra pessoa, para que a comunicação ocorra com menos resistência.

Ou seja, criar identificação com o outro. Se você está diante de uma pessoa que toda hora mexe nos cabelos e você começa a mexer nos seus, isso cria uma identificação, que torna mais fácil que outro o veja como alguém próximo ou enxergue melhor suas qualidades.

Se você está de cara fechada e chega um cliente sorrindo, ele não terá empatia por você, portanto, ficará mais difícil de efetivar um negócio ou uma venda. Mas se o cliente chega sorridente e você o retribui da mesma forma, suas chances aumentam, pois houve uma identificação. Deu para entender? Gostamos de pessoas parecidas conosco. Simples assim!

Você é uma pessoa que gosta de ler? A leitura nos ajuda a aumentar o nosso vocabulário. Com isso, tendemos a ter uma fala mais culta, e isso ajuda muito tanto para vendas quanto para qualquer situação em que precisemos persuadir alguém. Ter um bom vocabulário reduz um problema muito comum de vários vendedores: o vício de linguagem. Existem pessoas que encerram todas as frases com o "né". O vício de linguagem é um ladrão da atenção do cliente!

Certa vez, em uma consultoria a uma sofisticada loja de departamentos de um conhecido shopping do Rio de Janeiro, foi apontado no questionário de percepção que os clientes estavam prestando mais atenção em "quantas vezes" o vendedor dizia o "né" do que nos benefícios que ele apresentava dos produtos. Sem conexão comunicativa não há vendas.

Use palavras e exemplos que façam "sentido" para as pessoas que estão lhe ouvindo. De nada adianta você usar e abusar de termos técnicos se eles são desconhecidos do cliente. Cuidado com a cilada "Falo difícil para demonstrar autoridade". Grande bobagem, hein!

O que acha da minha voz? Qual sensação tem ao ouvi-la? Por que consigo lotar meus eventos? Claro que minha postura, minhas palavras, meus gestos e meu tom de voz são essenciais, não somente meu conhecimento. Conseguiu entender?

Para treinar a voz, temos duas recomendações. Todas as vezes que você quiser fazer com que o ouvinte se entusiasme mais por aquilo que está falando, acelere a velocidade de fala e suba o tom de voz um pouco mais para o agudo. Essa técnica provoca na cabeça do ouvinte um envolvimento maior com aquilo que está sendo falado. E você precisa ter entusiasmo na sua voz para transmitir entusiasmo, até porque essa palavra deriva do grego *enthousiasmos*, que significa "ter Deus dentro de si", e esse é um grande poder que pouco utilizamos.

Agora, se o seu objetivo for provocar uma reflexão ou passar uma informação importante, você deve diminuir a velocidade de fala e fazer seu tom de voz cair para o grave. Esses dois recursos vocais, de entusiasmo ou reflexão, auxiliam para que o impacto da comunicação na cabeça dos ouvintes seja ampliado apenas por meio das mudanças no tom de voz.

OS GESTOS CHEGAM ANTES DAS PALAVRAS

Quem permanece imóvel e fala sem gesticular prejudica muito a compreensão das pessoas que estão ouvindo. Gesticule, especialmente na chamada zona do poder, que fica entre os ombros, o queixo e a cintura.

Essa região potencializa muito mais a comunicação e provoca na cabeça do ouvinte algo fantástico, porque as pessoas se lembrarão por um tempo maior daquilo que falamos quando os gestos embasam as palavras.

Para modular a velocidade de fala das pessoas que falam rápido demais, porque querem se livrar da situação e acabar com o momento que provoca uma ansiedade extrema, recomendamos um excelente exercício prático.

Você deve ler um trecho de um livro e marcar o tempo. Deve ler diariamente o mesmo trecho e ir aumentando o tempo de leitura, esse exercício o condiciona a ter uma velocidade de fala adequada para a situação. É óbvio que em determinados momentos você tem que falar mais rápido. Mas em outros a velocidade de fala transmite ansiedade e nervosismo. Quem fala devagar demais também deve fazer o exercício acelerando gradativamente o tempo.

Os seres humanos, em várias ocasiões, transmitem sem perceber uma mensagem verbal diferente da mensagem corporal, dos gestos, o que na maioria das vezes dificulta a compreensão da sua mensagem. O nosso corpo fala, por meio de nossas expressões, olhares, gestos, posturas, tom e ritmo de voz.

O bom é que isso pode ser aprendido, aperfeiçoado e treinado. Além de técnicas, existem profissionais específicos para ajudá-lo. Palavras, tom, velocidade da voz e gestos importam muito, mas a atitude é o grande diferencial. Enfim, o grande segredo do sucesso está mesmo nas suas mãos, e você deve acreditar que pode fazer apresentações que fecham vendas e encantam as pessoas.

Estou convencido de que uma comunicação eficaz pode melhorar, e muito, a sua vida, não só do ponto de vista financeiro, mas na qualidade dos relacionamentos, porque os resultados financeiros são consequência da melhoria global de quem se comunica bem.

GRAVE NA MEMÓRIA

1. Esteja atento às palavras que você usa, ao tom de voz colocado e aos gestos feitos.

2. Prefira um vocabulário que faça sentido aos ouvintes, em vez de usar termos técnicos e desconhecidos.

3. Cuidado com as palavras repetidas ao final das frases, como o "né". São os chamados vícios de linguagem, que roubam a atenção das pessoas.

4. Toda vez que quiser provocar o entusiasmo do seu cliente, acelere um pouco o seu ritmo de fala. Já para induzir uma reflexão, diminua a velocidade.

5. Faça gestos. Cada vez que faço um gesto, dou duas chances para o meu ouvinte entender o que estou dizendo. Ele compreende pela audição ou pela visão.

MAPA MENTAL

A FORÇA DAS PALAVRAS, TOM DE VOZ E GESTOS

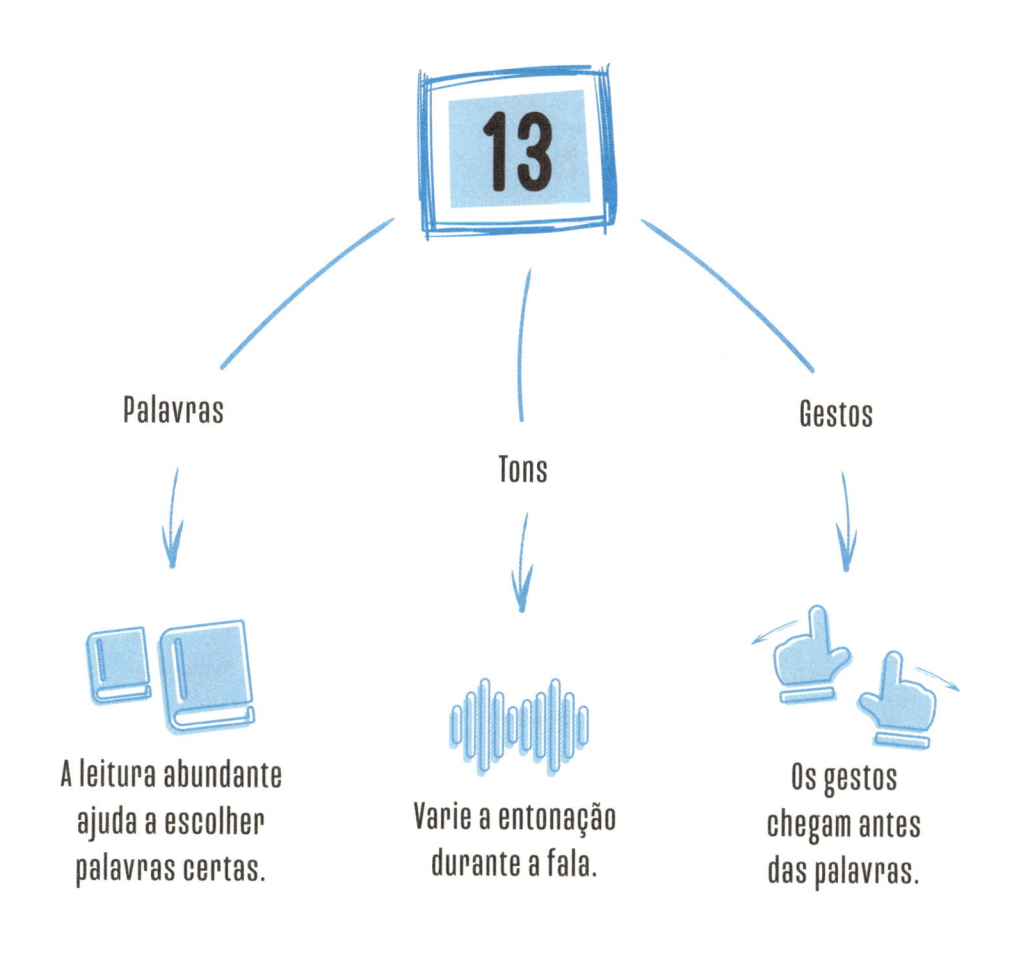

13

- **Palavras**: A leitura abundante ajuda a escolher palavras certas.
- **Tons**: Varie a entonação durante a fala.
- **Gestos**: Os gestos chegam antes das palavras.

Acesse e veja o conteúdo extra exclusivo deste capítulo:

capítulo
QUATORZE

ADMINISTRAÇÃO DO TEMPO DA FALA. SEJA ESPERTO, MENOS É MAIS

"Tudo é Comunicação. Poesia é comunicação... a sós."
– Mario Quintana

Para as TED Talks, as famosas apresentações curtas e de alto impacto, dezoito minutos é o tempo ideal para uma apresentação, tempo suficiente para expor um problema, possíveis soluções e aprendizados. Se você ainda não conhece as TED Talks, recomendamos que faça uma busca no Google.

Claro que o tempo dedicado a qualquer apresentação não é sempre o mesmo, mas tentar limitar o tempo é sempre melhor do que tentar falar demais. O limite no tempo obriga o apresentador a simplificar e resumir o que está sendo dito e acaba aumentando a compreensão da lição, focando os pontos mais importantes que devem ser ditos.

Para ser um bom apresentador, o foco tem que ser sempre o tipo do seu público. Quanto mais você conhecer seu público-alvo, mais terá condições de passar uma mensagem direcionada a ele.

No Capítulo Dezenove, explorar um pouco mais esse assunto, dando informações sobre como vender sua ideia para diferentes tipos de clientes, como auditivos, visuais e cinestésicos.

Se a sua audiência for jovem, uma linguagem mais moderna e informal ajudará. Se forem da terceira idade, a comunicação deve ser mais lenta, com riqueza de detalhes e baixo risco. Adapte o que for falar ao público.

Uma vez um cliente me contratou para uma palestra de 1 hora e 40 minutos em Brasília. Era uma grande convenção nacional de vendas. Preparei a palestra com os pontos levantados em uma reunião semanas antes do evento e fui para o local. Chegando lá, notei algo errado: a programação estava toda atrasada, e como a minha seria a palestra de encerramento, comeram meu tempo, e sobraram apenas 30 minutos para minha palestra. Em outras palavras, eu teria que encurtar e falar apenas 1/3 do planejado e combinado.

Confesso que fiquei muito bravo na hora, mas não tinha o que fazer. Fui para um canto e deixei só os 30 minutos mais importantes. Felizmente correu tudo bem e gostaram bastante. Foi marcante, inesquecível!

Foi voltando para o aeroporto que me veio a reflexão: Uh! Uh! Meu cachê triplicou hoje! Ganhei o valor normal para falar três vezes menos. Isso foi um divisor de águas em minha carreira.

Passei a usar a lei da escassez em favor da oratória. Falar a metade e ganhar o dobro. Essa foi a meta.

Atualmente não quero mais tempo, quero menos tempo e mais dinheiro. Até porque tempo de fala não é sinônimo de qualidade na fala. Por uma questão matemática, quanto mais tempo, mais chances de errar.

Notei que as palestras, os cultos em igrejas, as novelas na TV, os filmes, em parte, no cinema estão diminuindo suas durações. Isso porque o mundo está mais rápido hoje com as tecnologias, e as pessoas já não tem a mesma paciência que tinham nos anos 1980.

Uma palestra padrão nos anos 1990 tinha a duração de 2 horas. Uma loucura, se você considerar que um show das melhores bandas do mundo, com todos os recursos visuais e de iluminação de ponta, pessoas motivadas e fãs que estão ali porque amam de paixão, não dura 2 horas. É impensável atualmente, em uma convenção ou congresso de vendas, um palestrante ficar duas horas falando sem parar.

Trabalho hoje com palestras de duração de 1 hora e 15 minutos, com o padrão já caindo para 1 hora. Vários clientes, inclusive, nos pedem 50 minutos.

Para comparar, uma aula em uma universidade dura, em média, 45 minutos. Na Netflix, geralmente, as séries variam de 20 a 40 minutos cada episódio. Uma propaganda na TV tem padrão de 30 segundos, mas já há várias de 20 e 15 segundos.

Faça com que o tempo passe rápido para quem o está assistindo. Alguns truques para fazer o tempo passar rápido e não cansar a plateia, ou para dar uma quebrada no ritmo e despertar o pessoal quando perceber que está cansativo:

- Chame alguém no palco para contar um caso de sucesso ou uma situação que sirva de aprendizado a todos.
- Distribua um texto para leitura e peça a opinião do grupo.
- Passe um vídeo e faça um debate em seguida.
- Dê um intervalo de 10 a 15 minutos para irem ao banheiro, fumar um cigarro, beber água ou café, fazerem uma ligação etc.

Enfim, limite seu tempo de fala, quer seja para vender um produto, dar uma palestra ou fazer uma reunião. Use um cronômetro, faça do tempo seu aliado, não seu inimigo. O primeiro passo para tornar o tempo seu amigo poderoso é ter consciência de que, hoje em dia, as pessoas não têm tempo a perder e têm pressa.

Para quem está falando, o tempo passa rápido, mas para quem está ouvindo, pode parecer uma eternidade chata...

GRAVE NA MEMÓRIA

1. As famosas apresentações do TED têm apenas dezoito minutos.

2. Leve em conta o perfil do seu público-alvo.

3. O tempo das apresentações vem caindo em todo o mundo. Devido às tecnologias, as pessoas são mais rápidas atualmente.

4. A escassez valoriza você. Falar menos e ganhar mais, essa é a meta.

5. Controle o tempo com relógio ou cronômetro. Para quem fala, passa rápido, mas para quem ouve, demora demais.

MAPA MENTAL

ADMINISTRAÇÃO DO TEMPO DA FALA. SEJA ESPERTO, MENOS É MAIS

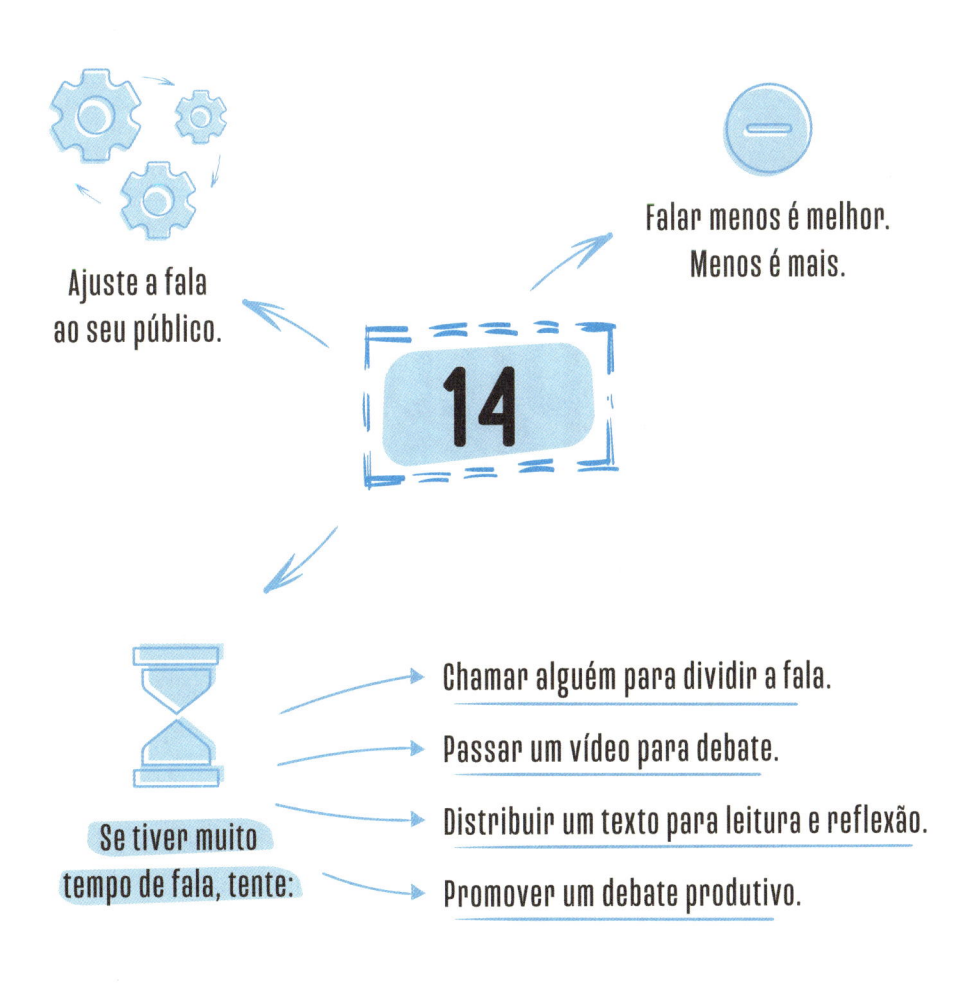

14

Ajuste a fala ao seu público.

Falar menos é melhor. Menos é mais.

Se tiver muito tempo de fala, tente:
- Chamar alguém para dividir a fala.
- Passar um vídeo para debate.
- Distribuir um texto para leitura e reflexão.
- Promover um debate produtivo.

Acesse e veja o conteúdo extra exclusivo deste capítulo:

capítulo
QUINZE

CONTAR HISTÓRIAS. O SEGREDO DOS MAIORES ORADORES DO MUNDO

*"As pessoas pedem uma crítica,
mas querem apenas um elogio."*
– Jean-Pierre Florian

Era uma vez...

Quer ganhar a atenção de um grupo de pessoas com apenas três palavras e em dois segundos? Basta falar essas três palavras mágicas. Certa vez, eu estava conduzindo um workshop com cerca de quatrocentos vendedores em uma grande convenção de vendas no hotel Ouro Minas, na cidade de Belo Horizonte, MG. Eu precisava que todos se concentrassem novamente após um trabalho em grupo, e estava um falatório danado na plateia, com o grupo disperso por causa do final do exercício. Então aproximei bem a boca do microfone e falei com a voz forte, calma e lenta: **Era uma vez...** E como um feitiço jogado pela varinha mágica, o silêncio veio instantaneamente.

As pessoas adoram ouvir histórias, talvez porque seja uma forma de a mente divagar na fantasia e fugir dos problemas do dia a dia. O fato é que, desde a infância, somos fascinados por ouvir histórias infantis. Estamos neurologicamente programados para ouvir e gostar de histórias. Você nunca ouvirá uma criança falar "Por favor, não conte mais nenhuma história", mas com certeza já ouviu "Papai, por favor, conta só mais uma história, e eu prometo que vou dormir".

E quando adultos, adoramos filmes e séries, que nada mais são do que a forma moderna de contar histórias. Antigamente, sentava-se ao redor de uma fogueira, e hoje em dia, em frente a uma TV Full HD 4k, mas o princípio continua o mesmo: viajar nas histórias.

Diante desse fato, é inteligente que o orador (vendedor, gerente, palestrante, coach, professor, enfim, quem está no papel de comunicador) use a força de uma boa história a seu favor.

BANCO DE HISTÓRIAS

Sugerimos que, assim como nós, você crie um banco de histórias, um arquivo em seu computador, celular ou caderno, guardando ali histórias boas para serem usadas no futuro. Anote a história, detalhes importantes e principalmente a sua moral, ou seja, para o que ela serve, que lição ele dará às pessoas que a ouvirão.

É um erro confiar apenas na sua memória achando que se lembrará da história no futuro. Algumas histórias são marcantes, mas outras centenas muito boas serão esquecidas com o tempo, se não forem registradas.

Além disso, o fato de você guardar histórias aumentará seu foco sobre esse assunto, e você ficará mais atento e em busca de boas histórias para colecionar.

COMO CONVENCER POR MEIO DE HISTÓRIAS

Em todas as apresentações de sucesso do TED, os oradores utilizam o recurso de contar histórias para ilustrar a mensagem que querem passar ao público.

Passe seus ensinamentos importantes por meio de histórias fascinantes. Fale com emoção carregada na fala e capriche, exagere na interpretação e nos gestos.

Ao contar uma história triste, fique triste também, curve ligeiramente a cabeça e mostre que está sentindo a tristeza também. Se a sua voz embargar, melhor ainda. Quando a história for de superação, encha o peito, levante a cabeça, dê um soco no ar e fale alto, com força, cerre os punhos.

Esse é o jogo, você tem que interpretar e fazer parte da história. Você se surpreenderá com a força arrasadora que uma boa história tem.

Existem livros disponíveis com histórias de motivação, reflexões, sucesso, superação e muitos outros temas. Uma pesquisa no Google também lhe dará muitas histórias para usar de acordo com sua necessidade. O que não faltam são histórias boas e impactantes no mundo.

Este é um exemplo de aplicação de uma história: vamos supor que um gerente precise motivar sua equipe de vendas para prospectar, abrir novos clientes para a empresa. Em vez de ele ficar só falando, falando e falando que temos a necessidade de trazer novos clientes para a empresa, ele poderia começar ou finalizar a reunião assim:

"Era uma vez uma indústria de calçados que desenvolveu um projeto de exportação de sapatos para a Índia. Em seguida, a diretoria de vendas enviou dois de seus melhores vendedores a pontos diferentes do país para fazer as primeiras observações e estudos do potencial daquele futuro mercado.

Depois de alguns dias de pesquisa, um dos vendedores ligou para a diretoria da empresa e falou:

— Chefe, cancele a produção, pois aqui ninguém usa sapatos.

Sem saber dessa ligação, o segundo vendedor ligou para a diretoria da empresa com a seguinte observação:

— Chefe, triplique a produção, pois aqui ninguém usa sapatos."

Moral da história

A principal característica de uma pessoa com a mente preparada para o sucesso é que ela foca a resolução do problema, e não o problema em si, e enfrenta os desafios apresentados sempre com ânimo e entusiasmo. E você, qual dos dois vendedores quer ser?

Percebeu o poder de uma boa história para conseguir seguidores para sua causa?

- Conte uma história que chame a atenção.
- Traga um problema que precisa ser resolvido.
- Ofereça uma solução.
- Mostre os benefícios de adotar tal solução.
- Convoque à ação.
- Motive.

GRAVE NA MEMÓRIA

1. As pessoas gostam de boas histórias, e você deve usar essa ferramenta na arte da persuasão para atingir seus objetivos.

2. Colecione histórias com diferentes fins para, no momento certo, poder usá-las.

3. Conte as histórias com vida, paixão, entusiasmo e emoção, só assim atingirá seu objetivo.

MAPA MENTAL

CONTAR HISTÓRIAS. O SEGREDO DOS MAIORES ORADORES DO MUNDO

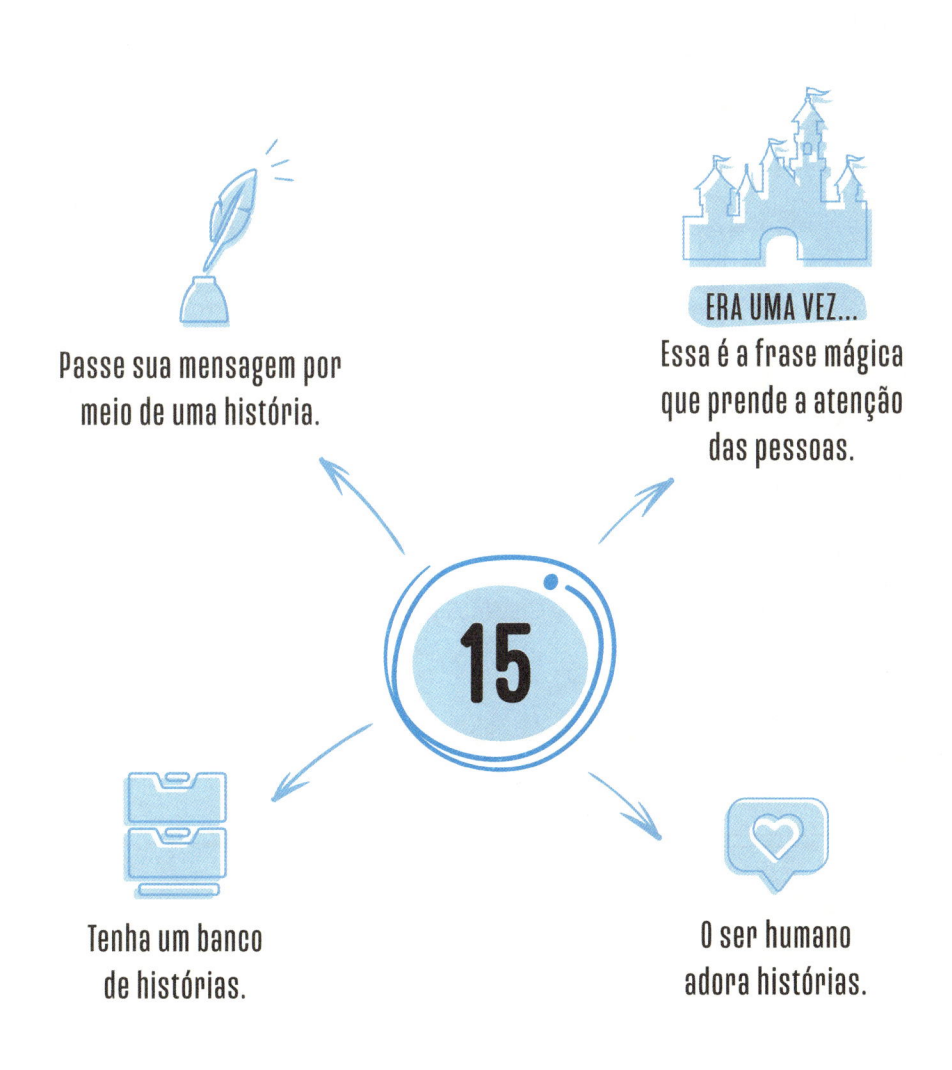

Passe sua mensagem por meio de uma história.

ERA UMA VEZ...
Essa é a frase mágica que prende a atenção das pessoas.

15

Tenha um banco de histórias.

O ser humano adora histórias.

Acesse e veja o conteúdo extra exclusivo deste capítulo:

parte TRÊS

EXPERIÊNCIA
E PERSUASÃO

ns capítulo
DEZESSEIS

O INCRÍVEL "CASE" BARACK OBAMA

"Estabelecer metas é o primeiro passo para transformar o invisível em visível."
– *Anthony Robbins*

Como foi que ele conseguiu? Como um desconhecido se tornou presidente dos EUA?

Ele conseguiu porque usou **cinco segredos** de oratória que revelaremos agora para que você possa aplicá-los em sua vida e seus negócios.

SEGREDO 1
PALAVRAS, TOM DE VOZ E LINGUAGEM CORPORAL CERTAS

Palavras

Ele sempre usa palavras que dão exemplos concretos com detalhes, e não abstratos como se contasse mini-histórias. Em vez de ele falar "cresci no interior", ele diz "no interior, quando eu era criança, pastoreava cabras no chão cheio de pedras e sol de mais de 40 graus".

E elas eram fáceis de entender. Ele não usava palavras difíceis e termos complicados da economia e política. Ele era simples e contava muitas histórias com muita emoção.

Tom de Voz

Ele usava a variação do tom de voz entre alto e baixo. Não era monótono ouvi-lo falar. Ele falava alto quando queria empolgar e baixo quando era algo muito importante a dizer. Isso mesmo parece contraditório, mas é assim que funciona. Quando você baixa o tom de voz, as pessoas prestam mais atenção e a mensagem fica mais séria. Outra dica importante é: toda vez que você desejar que o seu ouvinte memorize por um tempo maior a sua mensagem, fale mais devagar. Quando a opção for empolgar ou entusiasmar o seu ouvinte, aumente a velocidade. A alternância entre alto e baixo, rápido e devagar e forte e fraco faz as pessoas prestarem mais atenção em você. Evite o "monotom" na comunicação.

Como parte do tom de voz, ele trabalhava muito bem o ritmo e a ênfase das frases.

Ritmo

Alternando entre rápido e devagar. Rápido para motivar, e devagar para causar reflexão.

Enfatizar

Dar vida e mais peso a algumas palavras especiais no discurso. No exemplo a seguir, leia a mesma frase em voz alta, levantando bem a voz nas palavras grifadas.

É **muito importante** que você invista em sua saúde. Concorda?

É muito importante que **você** invista em sua saúde. Concorda?

É muito importante que você invista em sua saúde. **Concorda**?

A frase é a mesma, mas a motivação dela muda completamente.

Outra forma de dar ênfase é falando pausadamente a palavra como se ela tivesse suas sílabas separadas: é muito im-por--tan-te que você invista em sua saúde. Essa forma de linguagem dará grande ênfase ao que você quiser destacar.

A linguagem corporal

O corpo nunca mente e sempre fala mais alto que as palavras. Obama utilizava muito bem sua linguagem corporal, falava com a cabeça e o pescoço erguidos, mas não em excesso, transmitindo arrogância, e sim confiança. Experimente falar com os ombros caídos e depois fale a mesma coisa com os ombros firmes. Você notará uma grande diferença. Prefira fazer gestos na chamada "zona do poder", que fica entre a cintura e o queixo. Os gestos em demasia abaixo da cintura chamam a atenção dos ouvintes para uma parte do corpo que não ajuda em nada a sua comunicação.

Ouvir é importante. Não é só falar, é mostrar que entendeu, é inclinar-se para a frente e deixar claro que a pessoa que está falando é importante para você.

SEGREDO 2
MENSAGEM FORTE

Um discurso vazio, por mais técnica que haja na fala, ainda será um discurso vazio, e o público não é mais bobo hoje em dia. Embase com fatos, argumentos, provas e evidências.

Menos é mais. Uma mensagem curta e objetiva é melhor que uma longa e cansativa. Portanto, planeje antes seu discurso, sua palestra ou sua apresentação de vendas e certifique-se de que a mensagem está forte. Obama era imbatível nesse ponto.

SEGREDO 3
EM... PARA... COM(O)...

Podemos classificar os oradores em três categorias.

Os amadores que falam EM... Em tal lugar, eu fiz. Em tal situação, eu agi. Em uma situação como essa, eu...

Os normais, ou seja, a maioria, que diz PARA... Para você vender mais, faça isso. Para ser mais feliz, faça. Para ter mais dinheiro, faça...

Os mestres, como Obama, falam COM(O)... Com você junto, faremos um país melhor. Eu, assim como você, passei dificuldades na vida. Eu sei, COMO você sabe, o que é acordar e não ter emprego para trabalhar.

SEGREDO 4
QUATRO LINGUAGENS

Se falar uma linguagem, será fraco; se falar duas, será médio; se falar três, será muito bom; se falar quatro, será um mestre na comunicação.

A primeira é a linguagem visual, da energia e entusiasmo que convencem e contagiam. Quando você dá energia, você recebe energia.

A segunda é a linguagem auditiva. As palavras têm que ser fáceis de entender. Uma pessoa com olhos fechados precisa entender a mensagem.

A terceira é a linguagem digital-auditiva, é usar fatos, provas que comprovam seu ponto de vista.

Já a quarta é a linguagem cinestésica, de sentir sua emoção. Obama era mestre em emocionar a plateia e transmitia toda sua emoção e amor nas palavras. Falaremos mais sobre cinestésicos, auditivos e visuais no Capítulo Dezenove.

SEGREDO 5
PAIXÃO AUTÊNTICA

Como uma pessoa que ninguém conhecia se tornou presidente em quatro anos? Encontre o que acende a chama em sua fala e use essa força. Qual é a sua paixão? Pelo que você fica bravo, luta, ri, comemora? Qual sua razão para viver? Use isso na sua fala.

Essas são as chaves do sucesso de Barack Obama que você também pode utilizar para atingir seus resultados e conseguir qualquer coisa na vida. Só fale se você acreditar no que está falando. Simples assim.

GRAVE NA MEMÓRIA

1. Aperfeiçoe-se no uso das palavras, no tom de voz e na linguagem corporal.

2. Tenha uma mensagem forte. Menos é mais.

3. COM... Mostre que você está comprometido com a causa, e não simplesmente falando ou vendendo algo.

4. Utilize com emoção os quatro canais de comunicação: visual, auditivo, fatos + auditivos e cinestésico.

MAPA MENTAL

O INCRÍVEL "CASE" BARACK OBAMA

16

- Paixão autêntica.
- Palavras, tom de voz e linguagem corporal.
- Tenha uma mensagem forte.
- Use a técnica do:
  - ▶ EM...
  - ▶ PARA...
  - ▶ COM(O)...
- Explore os canais, visual, auditivo, digital e cinestésico.

Acesse e veja o conteúdo extra exclusivo deste capítulo:

capítulo
DEZESSETE

OS DEZ PRINCIPAIS ERROS A EVITAR

"O rio atinge seu objetivo porque aprendeu a contornar obstáculos."
— Lao-Tsé

1 — FALAR QUE ESTÁ NERVOSO

As pessoas não saberão que você está nervoso se você não falar que está. Simples assim. Outro dia, estava vendo uma jovem vendedora fazer uma apresentação sobre objeções para um grande grupo em uma convenção de vendas, e ela foi muito bem. No fim, ela falou: "Nossa, eu estava tão nervosa, que sentia minhas mãos suarem frio." Eu disse a ela: "Mas ninguém percebeu, porque só você sentia, ninguém mais sabia disso."

Se você falar que está nervoso, sentindo as pernas tremerem e um calafrio na barriga, todos saberão disso e começarão a prestar atenção em seu nervosismo, o que será péssimo.

Então simplesmente não fale que está nervoso, com as mãos tremendo, inquietas ou suando frio. Disfarce e siga o texto, siga o show!

2 — VÍCIOS DE LINGUAGEM E ERROS DE PORTUGUÊS

Nossa língua é cheia de armadilhas, e a correta construção e concordância verbal são difíceis de serem feitas, devido à imensa variedade de letras, tempos verbais, palavras e expressões da língua portuguesa. Por exemplo, só a palavra **PORQUE** pode ser escrita de quatro formas diferentes: por que, por quê, porque e porquê.

Falar e escrever corretamente é tão difícil, que, não por acaso, existe uma faculdade só para isso, o curso superior de Letras.

Para evitar erros de português na fala e escrita, só existe um caminho: ler e estudar muito.

Alguns erros comuns que ouvimos em discursos, palestras e apresentações de vendas:

- **"Fazem" cinco anos.** Fazer, quando exprime tempo, é impessoal: faz cinco anos; fazia dois séculos; fez quinze dias.
- **"Houveram" muitos acidentes.** Haver, no sentido de "existir", também é invariável: havia muitas pessoas; deve haver muitos casos iguais.
- **Para "mim" fazer.** Mim não faz, porque não pode ser sujeito. Assim: para eu fazer; para eu dizer; para eu trazer.
- **"Há" dez anos "atrás".** Há e atrás já indicam o passado na frase. Use apenas há dez anos ou dez anos atrás.
- **"Porque" você foi?** Sempre que estiver clara ou implícita a palavra razão, use por que separado: por que (razão) você foi?; não sei por que (razão) ele faltou; explique por que razão você se atrasou. "Porque"

junto é usado nas respostas: ele se atrasou porque o trânsito estava congestionado.

- **Nunca "lhe" vi.** O pronome lhe substitui a ele, a eles, a você e a vocês e por isso não pode ser usado com objeto direto: nunca o vi; não o convidei; a mulher o deixou; ela o ama.
- **Ela era "meia" louca.** Meio, advérbio, não varia: meio.
- **Não há regra sem "excessão".** O certo é exceção.

Veja outras grafias erradas e, entre parênteses, a forma correta:

"paralizar" (paralisar)	"beneficiente" (beneficente)
"previlégio" (privilégio)	"cincoenta" (cinquenta)
"zuar" (zoar)	"frustado" (frustrado)
"calcáreo" (calcário)	"advinhar" (adivinhar)
"benvindo" (bem-vindo)	"ascenção" (ascensão)
"impecilho" (empecilho)	"envólucro" (invólucro)

Uma poderosa técnica que ensinamos em nossas palestras e cursos é o vendedor treinar a situação que vivenciará no futuro. Vai fazer uma apresentação específica para um cliente? Faça a simulação. Vai treinar a sua equipe? Faça a simulação. Além de treinar, é importante gravar a simulação. Quando assistimos à gravação, temos dois benefícios:

1. Percebemos se as comunicações verbal e não verbal estão congruentes; se estou fazendo gestos que potencializam a minha fala; se estou tendo fluência e produzindo uma poderosa linha de raciocínio.

2. Quanto mais eu assistir às gravações, mais "encararei" aquela situação como algo normal, e com isso, quando chegar o momento verdadeiro do

treinamento, o meu corpo sentirá as reações fisiológicas da adrenalina de maneira mais amena.

3 – FALAR SOBRE ASSUNTOS POLÊMICOS

Para que arrumar confusão? Há pessoas que adoram se meter em uma confusão, porque com isso conseguem chamar atenção e aparecer. Falar sobre assuntos polêmicos só desgastará sua imagem e fará com que você corra riscos desnecessários.

Fuja de assuntos como política, religião, futebol e outros que possam mexer com as crenças e a cultura das pessoas. Principalmente no início da sua fala, evite entrar em assuntos polêmicos que dividem opiniões, pois criar inimigos na plateia não lhe ajudará em nada. Se você tomar partido de uma posição, certamente perderá a parte da plateia que é contra. Falar sobre coisas que despertam paixão e preconceitos é sempre complicado.

Em mais de 2 mil palestras e reuniões de negócios, nunca falei para qual time eu torço, nem em qual partido eu voto ou qual igreja frequento. Quando me perguntam sobre esse tipo de assunto, eu digo que palestrante não tem time e nem partido, que religião é algo pessoal, e finalizo o assunto sem dar margem. Afinal, se alguém na plateia torcer para o time adversário do meu, ou for simpatizante do partido oposto ao meu, certamente isso influenciará no julgamento dessa pessoa sobre meu trabalho.

Um dia, fui com um amigo palestrante em uma reunião com diretores de uma empresa para apresentar uma proposta segundo a qual treinaríamos 26 concessionárias em todo o Brasil. Eu faria metade delas, e ele, a outra metade.

Na reunião, ele caiu na besteira de falar de futebol e fez um monte de piadas preconceituosas sobre a torcida de um determinado time. Ele não percebeu que um dos diretores ficou constrangido e não levou na brincadeira. Esse diretor em questão era membro do conselho diretor do clube em questão.

Enfim, depois de alguns minutos de estupidez dele, voltamos ao foco e concluímos a reunião. Três dias depois, ligaram para minha empresária fechando as 26 palestras. Mas o diretor deixou claro que não queria que meu amigo pisasse mais na empresa dele em hipótese alguma. E completou: "Como posso deixar um palestrante despreparado que fala de futebol de maneira preconceituosa e infantil treinar meu time de vendedores profissionais se nós mesmos orientamos nossos vendedores a não entrar nesses assuntos polêmicos com nossos clientes? Nossos vendedores estão mais preparados que esse palestrante."

Por conta disso, ele perdeu um contrato muito grande de milhares de reais.

4 – FALAR COISAS SOBRE AS QUAIS NÃO TEM CERTEZA

Não sabemos se por causa da adrenalina, por distração ou por querer se engrandecer, muitos vendedores e palestrantes se metem a falar de um assunto que não dominam. Parece que recebem uma inspiração do além e de repente começam a falar sobre marte ou o fundo do oceano sem terem o menor conhecimento do assunto.

O risco é muito grande de na plateia haver alguém que saiba mais sobre esse assunto que você e que pode colocá-lo em uma saia justa.

Uma vez, estava em uma convenção de vendas em Fortaleza, e o segundo palestrante do dia fez um comentário sobre a rentabilidade da bolsa de valores. Imediatamente um senhor levantou a mão na plateia e, com um tom de indignação, disse ao palestrante: "Isso que você está falando não é correto. Eu estava semana passada na bolsa de valores de São Paulo, e seu dado está errado. O correto é 'xyz'."

Pronto, o palestrante ficou desconcertado e teve uma péssima apresentação. Cometeu um erro que poderia ser evitado.

Se não estiver preparado ou se não conhecer o assunto, simplesmente não fale. Peça desculpas e diga que não se sente à vontade para emitir sua opinião sobre o assunto porque precisa de mais informações. O público sempre gosta da humildade de quem está em destaque para falar e os ouvintes sempre reconhecem quando alguém está despreparado.

5 — OLHAR PARA O RELÓGIO

Se existe um erro clássico em apresentações, é este. **Nunca olhe para seu relógio durante uma apresentação de vendas, reunião ou palestra**, porque todas as pessoas olharão também e começarão a pensar em quanto tempo falta para acabar essa maldita apresentação (normalmente quem olhar é porque não está gostando).

Olhar no relógio produz o mesmo efeito de quando vemos alguém bocejar. Produz uma reação involuntária que dará a vontade de fazer o mesmo.

Controle o tempo de sua apresentação com um cronômetro posicionado onde só você possa vê-lo, e não o seu público.

6 — PEDIR DESCULPAS LOGO NO INÍCIO POR NÃO ESTAR PREPARADO

Essa atitude poderá tirar a credibilidade e enfraquecer a apresentação. O correto é se preparar para falar, mas caso isso não tenha ocorrido, vá e faça o seu melhor.

Anunciar com antecedência que sua apresentação será uma porcaria só fará dela uma porcaria ainda maior. Falar que não teve tempo, que seu carro quebrou, que pegou uma virose, que o computador quebrou e blá, blá, blá não ajudará a melhorar o conteúdo.

Você pode até pedir desculpas por alguma falha e justificar algo ao final. Não há nada de errado nisso, pelo contrário, a humildade é algo nobre. Mas logo no início, jamais, porque sua plateia está esperando soluções e não desculpas.

7 — LER UM TEXTO OLHANDO SÓ PARA O PAPEL

Lembre-se de que diante de você estão pessoas que estarão te olhando. Se elas quisessem ouvir uma leitura, baixariam um podcast ou um tutorial, que seria mais fácil e mais barato.

Seu público — seja ele um cliente querendo comprar, uma plateia assistindo a uma palestra, esposa e filhos ouvindo a conversa do marido e pai ou vendedores querendo motivação de seu gerente — é formado por pessoas que querem interação.

O correto é ler com a folha na altura do queixo, porque, quando se abaixa muito a cabeça, diminui-se o fluxo de ar na garganta, o que enfraquece a voz. Além disso, leia alternando os olhos entre o papel e a plateia. Leia uma frase e olhe para a plateia enquanto a diz, então baixe os olhos novamente, leia mais um trecho e volte a levantar os olhos, e assim por diante. Os olhos são mais rápidos que a fala. Dois segundos de leitura podem render cinco segundos de fala.

8 – ESTOURAR O TEMPO PREVISTO

O amadorismo mora neste erro. É impressionante como existem pessoas tão desorganizadas a ponto de não saberem administrar o próprio tempo. Se alguém não administra a própria vida, como poderá então ser contratado para falar e dar conselhos a alguém ou administrar uma equipe de vendas, por exemplo?

Para nós, além de ser falta de organização estourar o tempo previsto na fala, é falta de respeito com os outros que estão ao redor e têm outros compromissos no dia.

Esse é um assunto tão recorrente, que aconteceu comigo ontem. Estou escrevendo este capítulo no dia 6 de fevereiro de 2020 às 8h23 da manhã. Ontem, estava em uma empresa treinando (ou melhor tentando treinar) uma equipe de televendas com outro colega de trabalho. Tínhamos duas horas disponíveis para o treinamento e combinamos uma hora para cada. Ele preferiu fazer a primeira parte, e eu ficaria com a segunda, porque minha parte era mais motivacional, assim levantaríamos a equipe e acabaríamos o treinamento em alta. Pois bem, ele simplesmente não teve freio, organização e bom senso e falou durante 1 hora e 55 minutos. Ou seja, ocupou o tempo todo.

Resultado: desgastou a própria imagem. O gerente me falou que nunca mais quer ele lá falando com a equipe dele, porque o treinamento foi cansativo e pouco produtivo. Depois ele não sabe porque sua vida não anda. Em treinamento, menos tempo significa mais impacto.

Controle seu tempo. Não passe nem um minuto do tempo previsto, ganhe a fama de ser pontual e preciso. Isso será ótimo para sua carreira.

9 – CHEGAR EM CIMA DA HORA

Conheci um palestrante que gostava de chegar em cima da hora e subir ao palco direto, para causar a imagem de uma estrela de Hollywood chegando para a entrega do Oscar.

Nunca mais ouvi falar dele... Por que será?

Gente, sejam humildes, cheguem com antecedência de duas a uma hora ao local onde falarão. Olhem o ambiente, conversem com os técnicos do som e imagem e com os responsáveis pela limpeza. Essas pessoas são importantes para a qualidade da sua apresentação.

Verifique seu equipamento, escolha a melhor posição, faça teste de áudio e imagem, regule o microfone etc.

Imagine a impressão que você causará ao contratante da sua palestra ou cliente que assistirá sua apresentação de vendas se, quando ele chegar, você já estiver lá. Ele verá que você é profissional e está comprometido de verdade.

10 – NÃO SE PREPARAR COM ANTECEDÊNCIA

Confiar apenas na memória pode ser fatal. Quantas vezes já vimos oradores falarem: "Tem uma pesquisa que fala a porcentagem de crescimento nas vendas, mas não me lembro bem, esqueci a porcentagem. Acho que era em torno de X%..."

Ora, isso passa a impressão de um tremendo amadorismo. Porque esse infeliz não anotou em um pedaço de papel ou no bloco de notas do seu celular a porcentagem e não apresentou um dado preciso, transmitindo confiança ao seu público?

Tem um ditado em nossa área que diz: para cada dez minutos de apresentação existem por trás dez horas de preparação.

GRAVE NA MEMÓRIA

Evite:

1. Falar que está nervoso.
2. Vícios de linguagem e erros de português.
3. Falar sobre assuntos polêmicos.
4. Falar coisas sobre as quais não tem certeza.
5. Olhar para o relógio.
6. Pedir desculpas logo no início por não estar preparado.
7. Ler um texto olhando só para o papel.
8. Estourar o tempo previsto.
9. Chegar em cima da hora.
10. Não se preparar com antecedência.

MAPA MENTAL

O DEZ PRINCIPAIS ERROS A EVITAR

17

TOP 3 COISAS PARA EVITAR:

#1
Falar que está nervoso?

NÃO!
Apenas disfarce

#2
Vícios de Linguagem e erros de português?

SOLUÇÃO:
Leia e estude muito!

#3
Falar sobre assuntos polêmicos?

ESQUEÇA!
Não arrume confusões

Acesse e veja o conteúdo extra exclusivo deste capítulo:

capítulo
DEZOITO

OS DEZESSETE CONSELHOS QUE FARÃO VOCÊ GANHAR DINHEIRO FALANDO EM PÚBLICO

"O mais importante na comunicação é ouvir o que não foi dito."
— *Peter Drucker*

1— ASSUMA A RESPONSABILIDADE

Se errar, assuma o erro, não dê desculpas, e faça do erro sua alavanca para o sucesso na próxima oportunidade.

Uma vez, fui dar uma palestra no Rio de Janeiro e meu notebook travou e não ligava de jeito nenhum. Tive de fazer a palestra só falando, sem slides e músicas. Consegui fazer um bom trabalho, mas sem dúvida houve uma perda de qualidade na apresentação.

Desse dia em diante, mantenho na nuvem uma cópia da palestra que estou indo dar. E quanto ao cliente para o qual não consegui dar o meu melhor, demos a ele uma palestra nova como cortesia, para o ano seguinte, sem custo algum para ele. É o que chamamos de aproveite o erro para encantar.

2 – FALE COM ENTUSIASMO

Exagere na fala, dobre seu entusiasmo. Para você, parecerá exagero, mas para quem assiste, será apenas uma apresentação entusiástica e confiante, que é o sinal de um bom orador.

3 – VISTA-SE MUITO BEM

A regra de ouro: Vista-se sempre bem, de preferência um pouco melhor que sua audiência. Não a ponto de parecer arrogante e esnobe, mas passando uma imagem de pessoa bem-sucedida, de sucesso.

4 – CONCENTRE-SE ANTES

Não abra mão do seu ponto de apoio, aquilo que te deixa forte no palco, na reunião ou na frente do cliente.

Pode ser uma oração, um minuto de concentração em silêncio, ir ao banheiro, repassar o texto antes de subir ao palco, ouvir uma música, tomar um café, fumar um cigarro, enfim, qualquer coisa que te conecte com sua força interior e faça você iniciar forte.

5 – USE PAUSAS EM SUA FALA

Use pausas para dar tempo de a plateia refletir e digerir suas ideias. Obama usava muito essa técnica em suas falas. Ela apresenta duas grandes vantagens: primeiro, dá tempo de as pessoas pensarem e refletirem sobre o que está sendo falado e, segundo, aquilo que vem depois da pausa é sempre algo mais importante do que o falado normalmente.

6 – USE A FORÇA DA NATURALIDADE

Um dos melhores conselhos que recebi no início da minha carreira de palestrante foi: fale para o auditório como se estivesse falando para amigos na sala da sua casa.

Olha que dica bacana e simples! Imagine você conversando com amigos na sala da sua casa de forma tranquila e alegre. Você precisa ter esse mesmo comportamento quando for falar em um auditório com 2 mil pessoas. A essência é a mesma.

7 – PREPARE O AMBIENTE DO SEU JEITO

Você precisa estar confortável para fazer uma boa apresentação. Não aceite trabalhar com o notebook onde você não quer que ele esteja, com um microfone ruim ou o som desregulado, com o ar-condicionado frio ou quente demais.

Todos esses detalhes podem comprometer a sua apresentação, seja ela qual for. Você precisa estar inteiramente concentrado e se sentindo no domínio do seu ambiente. Isso aumenta sua autoconfiança.

Por isso a importância de chegar com antecedência ao local, conforme já falamos anteriormente.

8 — VALORIZE-SE

Dê valor a sua pessoa. Você tem que gostar de você mesmo, se aceitar, se assumir, só assim os outros gostarão e respeitarão você como profissional. Seja um mestre naquilo que faz. Estude, se aperfeiçoe e faça o seu melhor. Se autointitule como especialista na sua área, assim os outros também começarão a reconhecê-lo como tal.

9 — TRABALHE SEUS PONTOS FORTES, DELEGUE OS FRACOS

Trabalhe suas fortalezas, e não suas fraquezas. Invista e dedique-se ao seu ponto forte, e você será imbatível. Foque o dom que Deus lhe deu. Onde você for fraco, terceirize essas atividades, porque você nunca será excelente de verdade em suas fraquezas.

Se você é bom em gravar vídeos, grave muitos vídeos. Se é ruim em escrever, contrate um jornalista. Se é bom em contar piadas, conte-as. Se é ruim em pesquisar conteúdos, contrate um pesquisador.

10 — SOBREVIVA A UM AMBIENTE INADEQUADO

Quando você se sentir incomodado pelo ambiente ser ruim ou inadequado a uma boa apresentação — por exemplo, quente demais, som ruim, cadeiras desconfortáveis, barulho externo, interrupções, iluminação precária, entre outros —, fale que será breve e objetivo e que o incômodo que a plateia está sentindo não será prolongado. Assim a plateia notará sua sensibilidade e ficará interessada em sua mensagem.

11 – SUPERE PROBLEMAS FÍSICOS E DE SAÚDE

Ninguém está livre de uma dor na coluna, torção no pé, enxaqueca, mal-estar, cólicas, rouquidão ou mesmo um simples resfriado que poderá atrapalhar muito sua apresentação.

Meu conselho: não peça desculpas por isso, senão o público passará a prestar atenção naquele problema de fato. **Não queira que o público tenha dó de você, isso pouco lhe ajudará em seus objetivos, e justificar uma apresentação fraca não lhe dará mais dinheiro.** Pare de ter dó de si. No máximo, comente com a pessoa responsável pelo evento ou pela reunião para ela ficar sabendo da sua força de vontade e siga em frente com toda sua força.

12 – SEJA VULNERÁVEL

Essa regra é um tanto quanto filosófica e acaba permeando alguns dos outros elementos da lista, mas em todas as apresentações de sucesso do TED, os oradores demonstram algum grau de vulnerabilidade ao contar suas histórias usando elementos pessoais para ilustrar como alcançaram o sucesso. Mostre que você é um ser humano comum, sensível e que erra e sofre também. Você não precisa ser um super-homem em público.

13 — FAÇA UM RESUMO

Antes de encerrar, é bom fazer uma recapitulação rápida do que foi falado até o momento. **Faça uma espécie de resumo da essência do assunto abordado.** Uma grande vantagem desse recurso é que, ao resumir o conteúdo da mensagem, ele o associa à realidade, e a plateia sai para o intervalo, ou vai embora, com tudo fresco na memória.

Uma vez, foi realizado um congresso de vendas em São Paulo com nove palestrantes, e eu era um deles. Ao finalizar minha palestra de vendas e motivação com duração de uma hora, utilizei os últimos três minutos para fazer um resumo dos sete principais pontos discutidos, e a encerrei com uma frase motivacional e uma música de fundo. Fui aplaudido de pé, e nas avaliações, fui eleito o melhor palestrante do evento. O curioso foi que, nas avaliações, o que me levou a ter nota máxima não foi meu conteúdo nem desempenho no palco, porque havia colegas palestrantes melhores do que eu no dia. Mas fui o único dos palestrantes que fez um resumo no final.

Não importa se é uma palestra de apenas meia hora ou uma reunião de quinze minutos, sempre faça um resumo no fim, para gravar suas ideias na mente dos participantes.

14 — MANTENHA-SE HUMILDE

Quando uma pessoa se enche de orgulho e perde a humildade, o conhecimento o abandona. Conserve a humildade para não perder o conhecimento. Controle seu ego, e quanto mais dinheiro você ganhar e mais importante você for, tente ser uma pessoa ainda mais humilde. Todos adorarão você.

Tenha humildade e olhos de aprendiz sempre. Todo o mundo é melhor do que eu em alguma coisa, e nisso posso aprender com as outras pessoas. Mesmo quando assiste um palestrante ruim, um vendedor ruim em ação, você pode aprender o que não fazer quando chegar sua vez. Como aprendi com um grande diretor de vendas chamado Waldir Flores, **tudo é bom**. Sábio é aquele que aprende com todos o tempo todo.

"Só sei que nada sei, e o fato de saber isso me coloca em vantagem sobre aquele que acha que sabe alguma coisa", disse Sócrates.

15 – CONTE UMA HISTÓRIA

Era uma vez... Você já sabe da importância de uma boa história ou metáfora, mas não custa relembrarmos.

Tenha sempre essa carta na manga. Uma boa história pode fazer a diferença entre o fracasso e o sucesso em uma apresentação, seja ela qual for.

16 – CUIDADO COM PIADAS E PALAVRÕES

Não vamos ser hipócritas aqui e fingir que os palavrões não existem na nossa vida. Eles também fazem parte da nossa língua e cultura e muitas vezes servem para demonstrar alto grau de indignação ou de admiração em relação a uma situação.

Dependendo do ambiente e do público que estiver ali, uma palavra mais forte bem colocada pode cair muito bem e mostrar para o público que você o entende e que está ao lado deles, que é gente igual a eles. O problema é que isso não pode ser falado sempre em qualquer situação.

17 – GRAVE E ASSISTA SUA APRESENTAÇÃO

Quando fui gravar meus primeiros vídeos pela lendária e importante empresa COMMIT, dirigida pelo sempre educado, polido e querido Paulo de Tarso, fiquei muito orgulho por passar a fazer parte do rol de palestrantes famosos que tinham vídeos pela COMMIT. Eu era inexperiente e cheio de vontade, e ele me orientou a primeiro filmar em casa, gravando várias vezes o texto que eu gravaria em estúdio posteriormente. Confesso que achei aquilo uma bobagem, porque, afinal, eu sabia o conteúdo de cabeça.

Mas fui fazer a lição de casa... Meus amigos! Quando comecei a gravar, foi uma tragédia. Errava, gaguejava, pulava pontos importantes, estourava o tempo etc. Só após dezenas de vezes ensaiando é que fiquei pronto para ir gravar no estúdio.

O mesmo vale para realizar qualquer apresentação. Você achar que está pronto não quer dizer que esteja. Grave e se assista em ação. A câmera é sua melhor amiga.

GRAVE NA MEMÓRIA

1. Assuma a responsabilidade.

2. Fale com entusiasmo.

3. Vista-se muito bem.

4. Concentre-se antes.

5. Use pausas em sua fala.

6. Use a força da naturalidade.

7. Prepare o ambiente do seu jeito.

8. Valorize-se.

9. Trabalhe seus pontos fortes e delegue os fracos.

10. Sobreviva em um ambiente inadequado.

11. Supere problemas físicos e de saúde.

12. Seja vulnerável.

13. Faça um resumo.

14. Mantenha-se humilde.

15. Conte uma história.

16. Cuidado com piadas e palavrões.

17. Grave e assista sua apresentação.

MAPA MENTAL

OS DEZESSETE CONSELHOS QUE FARÃO VOCÊ GANHAR DINHEIRO FALANDO EM PÚBLICO

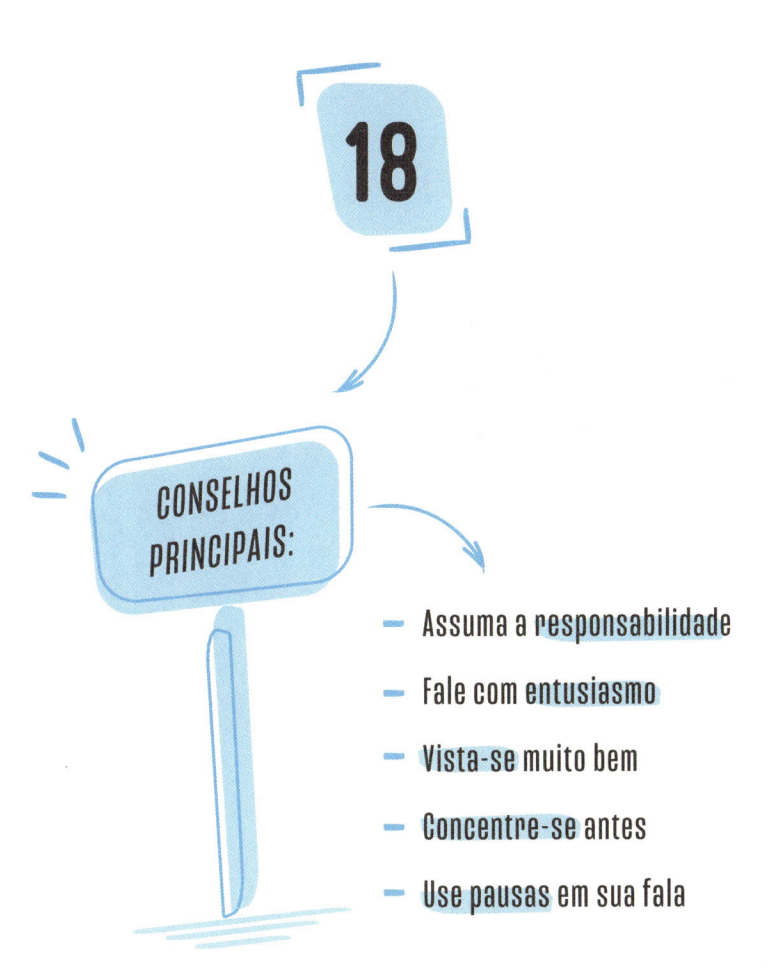

18

CONSELHOS PRINCIPAIS:

- Assuma a responsabilidade
- Fale com entusiasmo
- Vista-se muito bem
- Concentre-se antes
- Use pausas em sua fala

Acesse e veja o conteúdo extra exclusivo deste capítulo:

capítulo
DEZENOVE

COMO FALAR E CONVENCER CLIENTES CINESTÉSICOS, VISUAIS E AUDITIVOS

"Em nossos estúdios, não escrevemos nossas histórias.
Nós as desenhamos."
– Walt Disney

É muito importante entendermos que falar é fácil, mas que convencer são "outros quinhentos". Sabe por quê? Porque, apesar de os seres humanos serem muito diferentes entre si, costumam apresentar comportamentos semelhantes, principalmente na situação de VENDAS.

Todos nós gostamos de comprar ou precisamos comprar algo, certo? Mas quantas vezes não conseguimos vender, mesmo conhecendo as mais notáveis técnicas de vendas? Porque na hora da venda, a tendência cinestésica, visual ou auditiva predomina. Para entender e captar o comportamento predominante no momento da venda, se faz necessário entender o significado de cada um.

Cientistas estudam os motivos por trás do SIM há mais de cinquenta anos, e uma coisa é consenso: convencer não é apenas reflexo de carisma, é uma ciência. Sabendo disso, você pode usar esse conhecimento sobre a natureza dos seres humanos para convencer mais facilmente qualquer pessoa.

Afirmo que, para fazer um atendimento excelente e garantir o sucesso nas vendas, é necessário conhecer as características do cliente, encontrar a maneira mais adequada para interagir com ele e, assim, chegar ao seu coração. É isso mesmo que falei, ao seu coração, a linguagem universal para todos os clientes. E sabendo agora dessas características dos seres humanos, é bola no GOL... chega de "foi na trave".

Certa vez, após uma palestra em João Pessoa, na Paraíba, eu quis fazer uma caminhada à beira-mar e me lembrei de que não havia levado meus tênis, então, fui até o shopping que fica próximo à praia de Tambaú, onde eu estava hospedado, para comprar um par de tênis para fazer essa caminhada. Estava experimentando os modelos, quando um senhor se sentou ao meu lado e iniciou uma conversa com o atendente da loja de calçados.

Relatou que havia tido um problema de saúde e que o médico havia recomendado que ele fizesse caminhadas diárias, e que por isso queria um tênis que fosse macio, leve e "gostoso". Na verdade, que ficasse gostoso nos pés. O atendente correu até o estoque e trouxe uma série de caixas. Tirou o primeiro tênis da caixa e demonstrou, falando o seguinte para o senhor: "Olhe esse modelo, veja que bonito! É a cor da moda."

Na mesma hora, fiz a minha leitura, mediante a forma que o atendente demonstrou e como falou sobre o tênis. Vejamos, se o cliente que está cinestésico pede um tênis macio, leve e que fica gostoso nos pés e o atendente lhe oferece um tênis mostrando o modelo e chama atenção para a cor... a conclusão é uma só: não despertou no cliente a vontade de adquirir aquele tênis, e o vendedor despreparado perdeu a venda.

Primeiro que não foi o solicitado e, segundo, que por ser cinestésico, esse cliente não viu a importância de comprar, pois os atrativos que efetivariam a compra não foram mencionados. Por exemplo, se o atendente pegasse o tênis e lhe dissesse que é um dos melhores tênis que se tem para caminhar diariamente, leve, macio (as mesmas palavras mencionadas pelo senhor) e o convidasse a experimentar, aconteceria a comunicação assertiva, o *rapport*, que já mencionamos anteriormente,[1] pois estariam falando o mesmo idioma comunicativo.

Entenda, se não há comunicação assertiva, as chances de não obter o resultado desejado crescem, e muito. Ahhhh, e o atendente fez a mesma demonstração com todos os outros modelos. E sabe o que aconteceu? O senhor agradeceu e não levou nenhum tênis.

Eu continuei a escolher o meu e a refletir sobre o quanto a preparação em se comunicar, fazer uma leitura e entender o cliente rápido faz toda a diferença.

O Sistema Cinestésico é composto pelos nossos sentidos de tato e consciência corporal, pelo sentido de equilíbrio e por nossas emoções. As pessoas cinestésicas se relacionam com o mundo pelo contato físico. Se você falar de um produto, ou mostrar algo, elas vão querer pegar, pois, elas têm a necessidade de sentir fisicamente o que você fala. Dão pouca importância ao tipo de informação que atrai os visuais e auditivos, são práticas. A venda, então, para um cinestésico pode ser muito

---

[1] *Rapport* é uma palavra de origem francesa (*rapporter*), que significa "trazer de volta" ou "criar uma relação". O conceito de *rapport* é originário da psicologia, utilizado para designar a técnica de criar uma ligação de empatia com outra pessoa, para que se comunique com menos resistência.

fácil, pois, quando eles são emocionais, vão pelo que sentiram. E compram. Mas é muito comum sentirem remorso depois.

Por isso, é importantíssimo, quando eles pagarem pelo produto, reafirmar todas as qualidades deste e parabenizar pela ótima aquisição. Assim, gerará um sentimento de que foi o melhor que ele podia ter feito, e não ter sentimentos de remorso depois (mesmo para produtos de necessidade).

Já para os auditivos e visuais, os detalhes fazem a diferença. Então, vamos lá! Comecemos pelos visuais.

O Sistema Visual é o canal sensorial mais importante para a sobrevivência do ser humano. Sua conexão com o cérebro e a maneira pela qual ele influencia a vida das pessoas, seja pelas cores, formas ou luzes, são significativas. É por isso que, a cada data festiva, as lojas ficam enfeitadas com cores, luzes e muitas decorações, pois o cérebro envia uma mensagem para os olhos: "Entre e veja mais de perto." Simples assim!

O primeiro passo para o visual é enxergar, não só ver. Ele precisa enxergar a importância do produto para ele, para a família, para a vida. Com isso, a compra fica mais leve, não há remorsos. E fica perceptível quando está a sua frente um cliente visual, pois ele quer ver tudo nos mínimos detalhes. Então seja prático, fale pouco, fale o importante e deixe-o enxergar.

No caso dos auditivos, não é muito diferente, eles precisam enxergar também, mas precisam ouvir, ouvir e ouvir... perguntam, perguntam, perguntam. É assim que funcionam. Responda, converse, seja um amigo, elogie a camisa. Com o auditivo, você deve ter essa postura assertiva. Ele não é muito emocional, mas gosta de perceber que é especial, gosta de saber que as perguntas têm respostas, e então avalia melhor o que está à sua frente.

O Sistema Auditivo é complexo e essencial para que você aprecie o mundo à sua volta, os sons da natureza, as músicas e a fala das pessoas. É por isso que há pessoas que amam alto-falantes nas lojas (auditivos) e outras nem tanto (visuais).

GRAVE NA MEMÓRIA

1. Falar é fácil, mas convencer são "outros quinhentos". Por isso, entenda primeiro sobre pessoas.

2. Antes de entender sobre pessoas, entenda sobre você, pois você também priorizará um canal de comunicação. Se for diferente do cliente, terá que mudar a abordagem.

3. Chega de bola na trave... agora é bola no GOL. Simples assim.

4. Perceba se o cliente está mais visual, cinestésico ou auditivo. Alguns preferem sentir o produto, outros preferem vê-lo, e há os que precisam ouvir tudo sobre o produto.

5. Para o cinestésico, use palavras e frases que façam o interlocutor sentir as sensações. Exemplos: confortável, quente, frio, gostoso.

6. Para os visuais, use palavras que façam o interlocutor enxergar o que quer dizer. Exemplos: branco, claro, luminoso, brilhante.

7. Para os auditivos, use palavras que façam o interlocutor escutar. Exemplos: soar, tocar, barulhento, silencioso.

MAPA MENTAL

COMO FALAR E CONVENCER CLIENTES CINESTÉSICOS, VISUAIS E AUDITIVOS

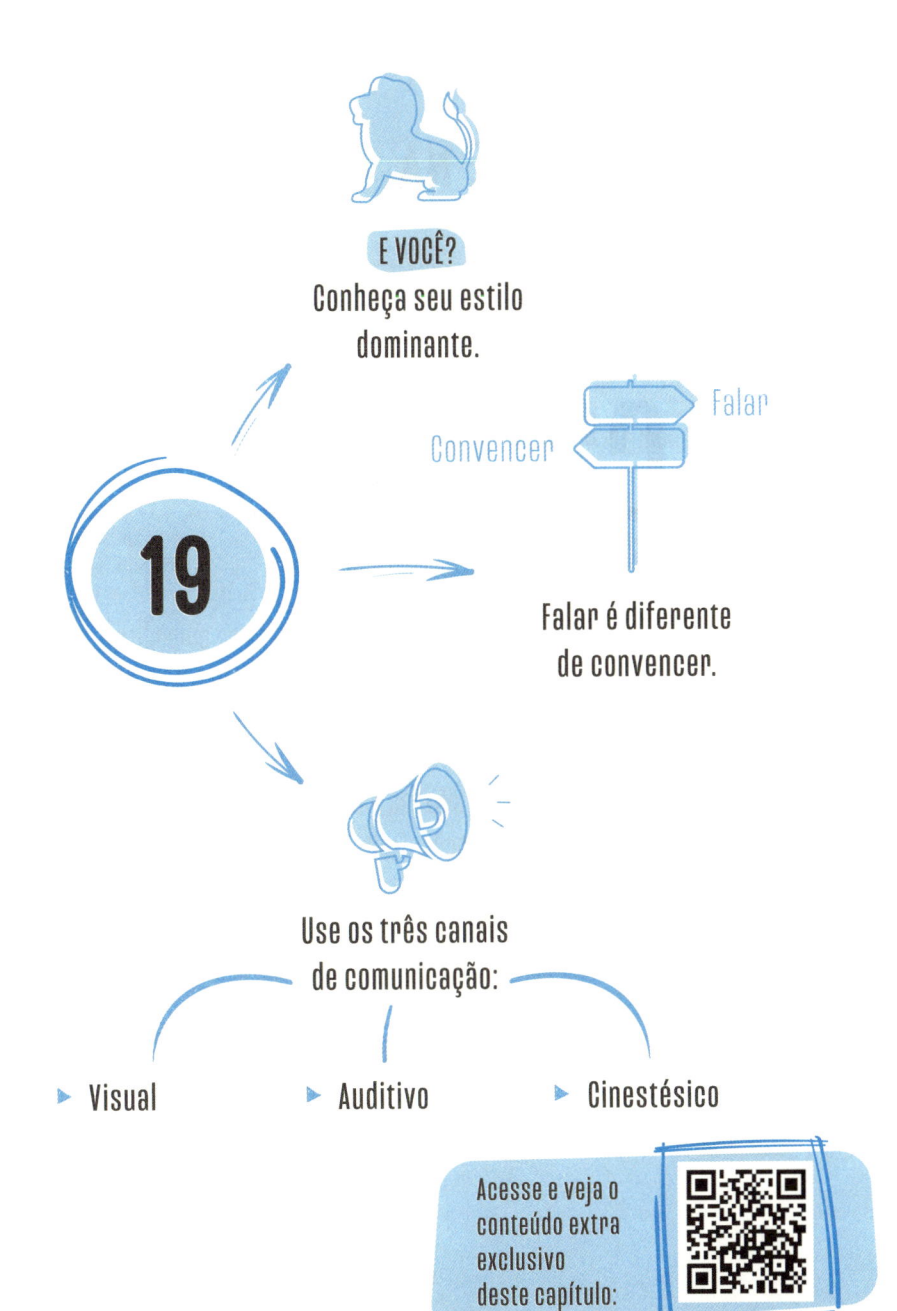

19

E VOCÊ?
Conheça seu estilo dominante.

Convencer — Falar

Falar é diferente de convencer.

Use os três canais de comunicação:

- Visual
- Auditivo
- Cinestésico

Acesse e veja o conteúdo extra exclusivo deste capítulo:

capítulo VINTE

ENTENDA E USE GATILHOS MENTAIS DE COMUNICAÇÃO PARA PERSUADIR

> "Nunca faça uma apresentação à qual você não gostaria de assistir."
> – Nancy Duarte.

Todo o mundo já ouviu o termo "gatilhos mentais". Mas por que ele é tão importante? Ora, somos seres humanos, somos complexos por natureza. Às vezes, o nosso SIM é NÃO; às vezes, compramos aquilo de que não precisamos, e não compramos o necessário. Nossa, teríamos uma série de situações para ilustrar esse fato!

Mas o nosso foco aqui é a solução, e não o problema. Então vamos entender o que são gatilhos mentais e como funcionam, para que a nossa comunicação seja assertiva, ou seja, sem ruídos, com clareza e objetividade.

Todos os dias, precisamos tomar decisões, certo? Desde a roupa que vestiremos, até o que comeremos, aonde iremos, como iremos, enfim, escolhas que fazem parte do nosso cotidiano. E precisamos escolher até o que não vamos fazer. Só que essas tomadas de decisões são influenciadas pelo nosso interno e nosso externo.

Por exemplo, você escolhe uma determinada roupa para ir a um evento, e seu amigo olha e diz: "Esse conjunto aqui ficaria bem melhor." Ops, uma luz no seu cérebro acende, e ele entende a seguinte mensagem: "O seu amigo gosta de você e quer o melhor para você, esse conjunto vai te deixar mais elegante." E você muda de decisão.

Um gatilho mental foi acionado e influenciou você a escolher o conjunto. Existem vários gatilhos mentais, e entenderemos um pouco mais sobre eles, mas acredito que essa elucidação já fez você entender como funciona, não é mesmo? Principalmente se estiver em dúvida. E ficamos na dúvida em muitas coisas, principalmente na hora de fecharmos uma venda.

Quando estamos em dúvida, é como se nosso cérebro estivesse no "piloto automático", então, para não ter um esgotamento mental — o primeiro gatilho mental acionado —, o cérebro poupa energia e escolhe, ou faz logo. Simples assim!

É a partir desse comportamento ativado pelos gatilhos mentais que muitas marcas elaboram campanhas ou promoções, para que, de alguma maneira, **uma pessoa se sinta incentivada a realizar uma compra** que, sem essas motivações, talvez ela não faria ou então adiaria.

Um gatilho mental muito conhecido é o da BLACK FRIDAY!

É conhecido como o gatilho mental da URGÊNCIA! A mensagem que vai para o cérebro é: "Se eu não comprar agora, estarei perdendo." E ninguém gosta de perder, portanto é um gatilho que funciona.

Outro exemplo de gatilho mental é da ESCASSEZ. "Olha, só tem mais um produto desse." Essa frase soa para algumas pessoas como um S.O.S. "Como assim, só tem mais um? Vai acabar? Se está acabando, é porque é muito bom, e eu tenho que ter."

Ainda sobre ESCASSEZ, outra dica de venda prática é: você prefere ganhar um desconto de R$50 ou evitar um pagamento adicional de R$50? Se você é como a maioria das pessoas, você prefere evitar um pagamento adicional de R$50... Mas receber um desconto de R$50 não traria o mesmo resultado? Sim! Embora em ambas as situações você economize R$50, na primeira você tem uma sensação positiva (ganhar um desconto), enquanto na segunda tem uma sensação negativa (evitar pagamento adicional).

As palavras são poderosas, e quando usadas para reforçar um gatilho mental, elas se tornam extremamente persuasivas.

COMPRAMOS DE QUEM "ENTENDE DO ASSUNTO"

Toda vez que temos esse pensamento, estamos sendo afetados pelo GATILHO DA AUTORIDADE. Confiamos em quem demonstra conhecer sobre o tema, sobre o produto vendido. Esse é um gatilho bem peculiar, pois ao mesmo tempo em que é muito eficaz, também pode ser nocivo se usado para o mal.

Houve um **grande experimento** realizado por Stanley Milgrim na década de 1960, no qual as pessoas estavam dispostas a castigar outros participantes, movidas pelas ordens de uma autoridade (um professor). Todas as vezes que um dos participantes (um ator) errasse uma pergunta, o outro integrante do estudo (pessoa comum) deveria dar-lhe um **choque**. Os choques eram de mentira, mas o ator fingia estar sentindo cada vez mais dor, chorando e gritando.

Mesmo sentindo-se desconfortáveis com a situação, os participantes convidados cumpriam o que era mandado, porque o ser humano tende a obedecer a quem ele julga como superior, por uma questão de respeito.

Então, se você quiser que as pessoas confiem em você e no seu trabalho, precisa se posicionar como uma autoridade no nicho em que atua.

Para usar o GATILHO DA AUTORIDADE em seu negócio, é preciso mostrar que você entende bem sobre aquilo que se propôs a escrever ou explicar e posteriormente vender. Mostre às pessoas que você tem experiência no assunto, adquira a confiança delas, e a autoridade será uma consequência, juntamente com a reciprocidade.

Sempre que estamos palestrando e temos a oportunidade, citamos ou mostramos outras palestras já realizadas. O uso da imagem mostra ao novo auditório que temos uma história de sucesso com o tema falado. É incrível o poder que uma foto de uma pessoa segurando um microfone tem. Costumamos dizer em nosso meio que o microfone é o BASTÃO DO PODER. Rsrs.

Além disso, peça que especialistas do seu nicho gravem depoimentos sobre você e suas habilidades. Para tanto, por mais que você queira se posicionar como autoridade, sempre tenha humildade e respeito pelo trabalho de outras pessoas. Cite as referências que você usa em seu trabalho, indique alguém capacitado quando você não dominar determinado assunto.

Dessa forma, você construirá uma rede sincera de contatos qualificados. Ou seja, conquistar autoridade não é tarefa fácil, mas por meio de um trabalho sincero, consistente e bem-feito, ser visto como especialista é algo natural. A confiança do seu cliente é seu bem mais precioso.

A confiança demora muito tempo para ser adquirida, mas pode acabar com apenas uma experiência negativa. E, não tenha dúvida, recuperar a confiança de alguém é muito mais difícil do que adquiri-la pela primeira vez.

GRAVE NA MEMÓRIA

1. O nosso cérebro precisa economizar energia, por isso os gatilhos mentais são importantes para a venda, porque eles têm a capacidade de influenciar e facilitar as decisões.

2. Use o Gatilho da Urgência: "Se eu não comprar agora, estarei perdendo." E ninguém gosta de perder.

3. Gatilho da Escassez: o que é raro aparenta ter maior valor. Sem dúvida, é um gatilho mental dos mais fortes que existe.

4. Gatilho da Autoridade: "Manda quem pode, obedece quem tem...". Aposto que você completou a frase mentalmente. Os gatilhos mentais estão enraizados no nosso cérebro.

5. Enfim, com os gatilhos mentais, o seu cérebro decide o que você fará. Essa decisão aparece na sua consciência, o que transmite a sensação de que você está tomando a decisão de forma racional, portanto, você age de acordo com a decisão tomada.

MAPA MENTAL

ENTENDA E USE GATILHOS MENTAIS DE COMUNICAÇÃO PARA PERSUADIR

20

Use a força dos gatilhos mentais, porque o cérebro gosta de atalhos.

- Gatilho da autoridade.
- Gatilho da escassez.
- Gatilho da urgência, "oportunidade".

Acesse e veja o conteúdo extra exclusivo deste capítulo:

capítulo
VINTE E UM

TORNE SUA PERSUASÃO MAIS FORTE AINDA

"A comunicação pela metade faz mal."
– Papa Franscisco

"A comunicação do líder com ruídos leva a equipe inteira ao embaraço."
– Jardel Melo

Apesar de você ser sabedor da importância da persuasão para qualquer atividade que for exercer, focá-la está cada vez mais sendo um diferencial importante para entender por que algumas pessoas conseguem facilmente convencer outras a seguirem o seu posicionamento, e outras, embora explanem o assunto ao máximo, não conseguem o mesmo resultado.

Persuadir alguém não se trata de falar. Persuadir tem a ver com um conjunto importante: empatia, conhecimento, postura, firmeza ao falar, segurança ao abordar, tom de voz e verdade no que se diz.

A persuasão pode ser treinada para que você aprimore as habilidades desse conjunto de técnicas citadas. Pois não se trata de manipular, jamais. Se trata de fazer o outro entender a sua linha de reflexão e concordar com ela, pois faz sentido para ele. E iremos aderir a tudo o que fizer sentido para nós. Simples assim!

Conhece aquela máxima que diz que tudo tem uma hora certa para acontecer? Pois é assim com a persuasão. Normalmente, o momento ideal é sempre depois que uma pessoa lhe agradece por algo que você fez, falou ou apresentou.

Assim, esse sentimento de gratidão gera no cérebro uma sensação de dívida, e também uma ótima oportunidade de expor seu pensamento, pois a pessoa estará atenta ao ouvir e propensa a concordar.

Outro ponto importante no ato de persuadir é elucidar os pontos fortes da pessoa, e jamais os seus. Pois você precisa criar um *rapport*, ou seja, falar a linguagem dela, observar como ela gesticula, fala e se comporta.

Quem sabe controlar suas emoções é muito mais eficaz na hora de tentar persuadir alguém porque escolhe as palavras com mais assertividade. Chame a pessoa sempre pelo nome (gostamos de ouvir nosso próprio nome).

Colocar as emoções a serviço de uma meta é essencial para centrar a atenção, para a automotivação e o controle e para a criatividade. O autocontrole emocional — saber adiar a satisfação e conter a impulsividade — está por trás de qualquer tipo de realização, e a capacidade de entrar em estado de "fluxo" possibilita excepcionais desempenhos. As pessoas que têm essa capacidade tendem a ser mais produtivas e eficazes em qualquer atividade que exerçam, principalmente na persuasão.

Para sermos persuasivos, precisamos estar calmos no momento da comunicação para a venda. E se você leu o livro até aqui, é sinal de que está convicto de que a comunicação eficaz muda vidas e, assim, muda o mundo. Mas de nada adianta aprender as técnicas se você não se preparar adequadamente antes da fala. Só é persuasivo quem conhece o assunto ou produto.

Dessa forma, você se sentirá mais seguro ao abordar o assunto, e a audiência também perceberá a sua autoconfiança, correspondendo com maior interesse.

O planejamento prévio para a persuasão envolve, ainda, uma técnica de visualização, muito valiosa para alterar os mecanismos que provocam todos os sintomas de ansiedade no momento da apresentação. Mas antes vamos entender de onde vêm os sintomas da ansiedade. Vamos pensar no homem das cavernas e em quantas vezes ele precisou enfrentar as feras pré-históricas.

Como ainda hoje guardamos essa memória ancestral, quando enfrentamos qualquer situação de perigo, o cérebro reage da mesma forma como reagia ao enfrentar as feras pré-históricas. Se a tendência é fugir e sair correndo, a descarga maior acontece nos membros inferiores: pés e pernas. Mas se a tendência da pessoa for a de enfrentar o perigo, o cérebro despeja adrenalina nos membros superiores: mãos e braços.

E nós sabemos disso muito bem, já que, mesmo tendo experiência de anos, sempre precisamos fazer esses exercícios para reduzir a ansiedade e sermos mais persuasivos. Se você já sentiu isso, sabe do que estou falando. As pernas ficam bambas, as mãos tremem, a boca seca e seu rosto fica muito vermelho, aparência que fica evidente se você estiver em uma negociação, em uma apresentação de vendas ou em uma palestra em público. Então você se fragiliza diante do cliente ou da plateia.

Mas existe uma forma efetiva de reduzir esses sintomas: a visualização. Chegue sempre antes no local da sua apresentação, aula ou reunião. Ainda sozinho, sente-se e faça o seguinte exercício: visualize o local, as pessoas nesse local, você falando para elas. Imagine todos te olhando, você falando e interagindo com o público. Se tiver tempo antes, visualize toda a sua apresentação, do começo ao fim.

Sabe o que você estará fazendo com esse exercício? Enganando seu cérebro. Porque ele despejará toda a adrenalina na visualização, e assim, no momento da fala verdadeira, o corpo não terá uma reação fisiológica tão intensa quanto teria sem essa técnica. E isso torna a sua a apresentação muito mais tranquila.

GRAVE NA MEMÓRIA

1. Ser persuasivo é fundamental no processo de venda.

2. Para melhorar a persuasão, é necessário conhecer profundamente aquilo de que estamos falando ou o produto que estamos vendendo.

3. Quando estamos calmos, somos mais persuasivos. Existem exercícios que nos deixam mais tranquilos em uma fala ou apresentação.

4. Visualize você se apresentando quando a sala ainda estiver vazia. Feche os olhos, pense em cada instante da apresentação que virá logo a seguir e, principalmente, visualize as pessoas te observando, concordando com a sua fala, e, ao final, você sendo aplaudido.

MAPA MENTAL

TORNE SUA PERSUASÃO MAIS FORTE AINDA

21

- Controle e use as emoções para persuadir.
- Cuidado com a ansiedade, a emoção destrutiva.
- Planejamento e visão ajudam na persuasão.
- Persuasão é vital nas vendas.

Acesse e veja o conteúdo extra exclusivo deste capítulo:

capítulo
VINTE E DOIS

A IMPORTÂNCIA DO SONO NA ORATÓRIA

"Fracasso não será fracasso, se dele tirarmos uma lição."
– Dr. Ronald Niednagel

Alfredo Rocha, um dos maiores palestrantes do Brasil, um palestrante excepcional, fora da curva, há muitos anos me deu um conselho, e lembro-me dele como se fosse hoje. Eu cheio de sonhos e vontade de dar certo como palestrante e fazendo várias coisas ao mesmo tempo com a intenção de alavancar a carreira, e ele me disse: "Você precisa dormir bem e estar descansado se quiser fazer uma boa palestra. Quando a palestra for à noite, não marque compromissos à tarde e tire algumas horas para dormir após o almoço. Quando a palestra for durante o dia, deite cedo e durma o máximo que puder na noite anterior à palestra. Assim, quando subir ao palco, você estará com sua energia no máximo para fazer um bom trabalho."

Sempre levei isso bem a sério, e hoje dou esse mesmo conselho a jovens que estão iniciando a carreira agora. Leve o sono mais a sério.

Existe uma grande diferença entre dormir e repousar. Você sabia?

Não basta só deitar, é preciso dormir profundamente. Um quarto escuro, temperatura adequada, um colchão magnético de alta qualidade[1] e silêncio são necessários para se atingir o sono reparador e rejuvenescedor.

Passamos cerca de um terço da vida dormindo. Uma pessoa de 60 anos passa 20 anos dormindo. Se o sono não fosse necessário, não teríamos sido concebidos para senti-lo. É errado achar que dormir é perda de tempo. Dormir é necessário para aproveitar melhor o tempo quando estamos acordados. Perda de tempo é desperdiçar a vida e não conquistar nada porque não tem energia por dormir mal.

Estudos da OMS (Organização Mundial da Saúde) mostram que o sono pode ser dividido em cinco etapas:

---

1 Recomendo colchões da marca Sono Quality, o Colchão da Saúde. São de altíssima qualidade e excelentes.

Nos estágios 1, 2 e 3, nós estamos apenas dormindo leve e relaxando, a temperatura do corpo cai, o coração desacelera e nós descansamos, mas somente nos estágios 4 e 5 é que ocorre o famoso sono REM, que é reparador para os músculos, células e atividades cerebrais.

É quando nosso corpo libera diversos hormônios, entre eles o hormônio que ajuda nossa memória a funcionar melhor, e memória é uma das coisas mais fundamentais para uma boa apresentação. O que você leu em um livro, por exemplo, será gravado em seu cérebro no estágio 5, e quando você precisar dessa informação, poderá ir lá buscá-la.

Ele é tão importante para nós, que é responsável sozinho por cerca de 50% da nossa saúde, conforme a ilustração a seguir. Imagine o impacto que isso tem em uma palestra ou reunião para apresentar um projeto!

Para você ter uma ideia ainda mais ampla sobre a importância do sono, atletas mundiais que competem em alto nível contam atualmente com a ajuda de terapeutas que controlam o horário de deitar e o ambiente do quarto do atleta, para que ele atinja seu desempenho máximo. Eles têm metas de sono para atingir.

Um jogador de basquete da NBA, após noites de sono longas e bem dormidas, melhora sua pontaria e acerta até 9% a mais em arremessos longos de 3 pontos.

Tenistas profissionais acertam 42% de bolas a mais dentro da quadra quando o sono é bom e restaurador.

Nadadores olímpios conseguem saltar até 17% mais rápido na partida de uma prova.

Usain Bolt, o homem mais rápido do mundo, dorme 10 horas por dia. Roger Federer, tenista recordista e várias vezes campeão mundial, e LeBron James, um dos três mais talentosos atletas de basquete de todos os tempos, vão além e dormem 12 horas por dia.

Se o sono profundo de qualidade faz uma diferença significativa no desempenho de atletas de alto nível, imagine na vida de pessoas comuns.

Reorganize seu tempo, suas prioridades e invista no seu sono. Com certeza você colherá os frutos disso, e seu corpo e sua saúde agradecerão.

Esperamos que com essas informações você possa levar mais a sério seu sono, consiga conquistar todos os seus objetos na vida e seja muito feliz.

OMS - ORGANIZAÇÃO MUNDIAL DA SAÚDE

Estudos da OMS apontam três atitudes essenciais para mantermos uma vida saudável:

- 50% | Repouso adequado
- 25% | Exercício físico
- 25% | Alimentação saudável

GRAVE NA MEMÓRIA

1. É importante dormir bem para fazer uma boa palestra ou qualquer outra apresentação.

2. O sono de qualidade é responsável por 50% da nossa saúde, e passamos em média 1/3 de nossa vida dormindo.

3. Ambiente e estruturas adequadas são necessários para se atingir o sono profundo.

4. Existe uma diferença entre dormir e repousar. Somente nos estágios quatro e cinco do sono é que ocorre o sono reparador energizador.

5. Atletas de alto nível descobriram isso e estão dormindo mais e melhor para atingirem a alta performance.

6. Noites maldormidas são grandes responsáveis por doenças e desempenhos profissionais medíocres.

MAPA MENTAL

A IMPORTÂNCIA DO SONO NA ORATÓRIA

Os três pilares da saúde humana são:
- 25% alimentação.
- 25% exercícios físicos.
- 50% sono, dormir bem.

22

O sono tem 5 estágios, e somente no sono profundo, estágios 4 e 5, é que ocorre a renovação da saúde, o sono restaurador.

Dormir bem ajuda a falar melhor em público, aumenta seus ganhos financeiros e ainda faz bem para a saúde.

Acesse e veja o conteúdo extra exclusivo deste capítulo:

capítulo
VINTE E TRÊS

DEIXE O MELHOR PARA O FINAL. "GRAN FINALE"

> "Todos precisamos de pessoas que nos deem feedbacks, é assim que melhoramos."
> – *Bill Gates*

Guarde o melhor para o final. Esse é um conselho que vale ouro para uma apresentação de sucesso, e é impressionante a quantidade de boas apresentações que são jogadas fora por terem um fim medíocre. Além de a quantidade de apresentações débeis e oradores fracos que se consagram mesmo sem conteúdo apenas pelo fato de saberem fechar uma apresentação.

Dois momentos são muito, mas muito importantes mesmo em uma fala: o início, para causar uma boa primeira impressão, e o fim, para deixar a sensação de quero mais.

Um grande final também poderá apagar pequenos erros que por ventura você tenha cometido durante sua apresentação, afinal, seu público ficará tão empolgado, que acabará esquecendo ou perdoando os deslizes.

Quando possível, faça um rápido resumo dos pontos importantes, assim a plateia perceberá que está caminhado para o fim. Mas seja rápido, senão corre o risco de abandonarem o local sem que você tenha concluído totalmente. A dica é não falar que fará o resumo, simplesmente entre direto no resumo.

Encerre uma vez só. Talvez você esteja estranhando essa colocação. Essa orientação está aqui porque muitos oradores — e entenda como oradores, vendedores, gerentes, diretores, palestrantes etc. — se empolgam tanto no fim, que ficam improvisando e falando bobagens quando o encerramento já foi feito. Encerrou, acabou e ponto final.

Não se fala mais nada após o encerramento, senão não foi encerramento o que você fez.

Veja o caso da Disney. No fim do dia, os personagens se reúnem no Castelo da Cinderela e ocorre a queima de fogos, anunciando o fim de um dia dos sonhos. E ponto final. As pessoas vão embora. O público fica tão impactado, que quer voltar, e o que mais se ouve é "um dia voltarei novamente" ou "quero trazer outras pessoas que eu amo para proporcionar a elas essa emoção única que estou vivendo no Castelo da Cinderela".

A emoção sempre ajudará a ter um fim espetacular. Use recursos como:

- Sua melhor história.
- Trecho de um filme ou vídeo cuja mensagem reforce o que você quer.
- Uma música de fundo para criar o clima.
- Um poema ou um pensamento famoso.
- Uma mágica ou algo surpreendente.
- Entregue um brinde.

Só não pode encerrar dizendo "Bem, era só isso que eu tinha a dizer..."

Faça do seu encerramento um acontecimento marcante e você colherá muitos frutos.

GRAVE NA MEMÓRIA

1. Guarde o melhor para o fim.//
2. Faça um breve resumo, mas não avise que o fará.
3. Emocione e use recursos para causar um bom impacto na mensagem final.

MAPA MENTAL

DEIXE O MELHOR PARA O FINAL.
"GRAN FINALE"

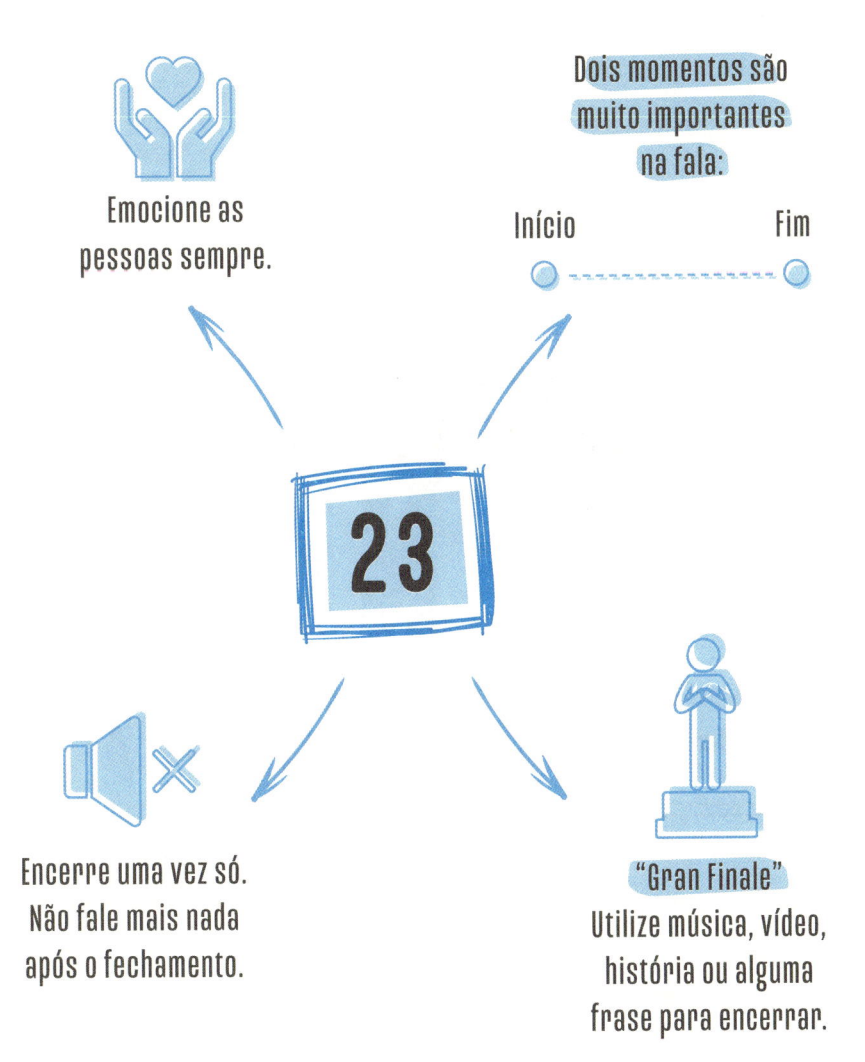

Emocione as pessoas sempre.

Dois momentos são muito importantes na fala:

Início — Fim

23

Encerre uma vez só. Não fale mais nada após o fechamento.

"Gran Finale"
Utilize música, vídeo, história ou alguma frase para encerrar.

Acesse e veja o conteúdo extra exclusivo deste capítulo:

capítulo
VINTE E QUATRO

NASCE UMA ESTRELA

"Sucesso é uma questão de não desistir, e fracasso é uma questão de desistir cedo demais."
– Walter Burke

O sucesso nasceu com você, você já é um milagre da vida. Só o fato de estar vivo já é a maior vitória de todas. Talvez você só estivesse adormecido devido ao medo de falar em público.

Esperamos que compartilhar neste livro nossas experiências sobre falar em público realmente lhe ajude a se posicionar melhor e atingir seus objetivos de vida.

Quem fala bem tem uma grande vantagem financeira sobre os demais, visto que a maioria da população tem um medo abominável de falar em público. Agora é com você. Se nós conseguimos vencer, ganhar dinheiro e ter sucesso nos expressando em público, você também conseguirá. A diferença é que tivemos que errar e sofrer muito para ganhar experiência, e para você será mais fácil, porque tem toda nossa experiência aqui nestas páginas. Um verdadeiro atalho prático para o seu sucesso!

Não desista do que você quer. Case-se com seus objetivos e lute até o fim. Se tiver que cavar um poço, não desista quando já tiver cavado nove metros de profundidade, pois pode ser que a água esteja nos dez metros. Siga dando o seu melhor.

Pense na sua vida como um livro que contará sua história. Só que esse livro está escrito somente até o dia de hoje. As próximas páginas estão em branco, e a boa notícia é que você as escreverá.

Só que agora você tem mais experiência do que quando tinha 17 anos de idade. Então, foco no que você quer e em todas as lições que passamos aqui e siga adiante em busca do seu sonho. Viva a melhor vida possível e seja feliz usando os dons que Deus lhe deu e o poder de falar bem em público para auxiliá-lo em sua jornada. Será mais fácil do que você imagina.

Falamos muito aqui sobre a força de uma boa história, e embora não estejamos falando presencialmente para você, gostaríamos de lhe contar uma rápida história.

Era uma vez... uma linda menininha pobre, que usava um vestido, caminhando pelas ruas geladas de uma pequena cidadezinha em Madrid, na Espanha, em uma tarde cinzenta e gélida. De repente, algo chama a atenção dela na vitrine de uma joalheria chique. Ela encosta o narizinho na vitrine, que chega a embaçar com a respiração dela, e ela acha graça daquilo.

Era um lindo colar de pedras azuis. Em um impulso infantil, ela entra, dirige-se ao balcão e pergunta o preço.

— Moço, quanto custa aquele colar de pedras azuis?

Um distinto senhor elegante e de barba branca responde:

— Senhorita, boa tarde e obrigado por entrar em nossa loja. Não é sempre que uma princesa nos visita.

E ela fica corada de vergonha.

— Sinto muito informá-la, princesinha, mas essa é a peça mais cara da loja, devido a sua raridade e beleza.

Nesse momento, a garotinha tira do bolso de seu vestido rasgado e velho um lenço amarrado contendo algumas moedas e, ao desfazer o nó, despeja no balcão uma pequena quantia e pergunta:

— Isso dá para comprar?

— Sinto muito, mas não dá. Como disse, é uma peça muito, muito cara.

— Ah, que pena!

Com olhar de choro e voz triste, ela lamenta e completa:

— É que hoje é aniversario de minha irmã mais velha, e essas pedras azuis me lembraram da cor dos olhos da minha mãe. E desde que minha mãe se foi, é minha irmã mais velha que está cuidando da gente. E ela está deixando de viver a vida dela para cuidar de mim e de meus irmãos. Eu queria tanto dar uma alegria para ela! E acho que ela ficaria feliz em lembrar da nossa mãe também.

Nesse momento, o coração do dono da loja é tocado, e, comovido, ele diz:

— Ah, me desculpe! Onde eu estava com a cabeça? Acho que contei errado suas moedas. Deixe-me contar de novo... Mas claro que dá, senhorita! Vou embrulhá-lo para presente.

No fim da tarde, uma linda jovem também de olhos azuis e vestimenta humilde entra na loja e com olhar bravo joga em cima do balcão o tal colar e diz:

— Este colar foi roubado daqui, senhor?

— Sim, ah, quer dizer, não... É, sim, ele foi comprado aqui, quero dizer — diz o senhor meio confuso e sem saber o que falar.

— Impossível. Foi minha irmã mais nova que me deu, e ela não tinha dinheiro para comprá-lo. Ele deve custar uma fortuna, e ela não tinha dinheiro para isso. E nossa mãe ensinou a não roubar nada de ninguém. Eu até já dei uma baita surra nela por isso e vim devolvê-lo.

— Senhorita, sua irmã comprou este colar aqui, repito.

— Mas quanto custou então?

— Ela pagou o preço mais caro que tinha. Ela deu TUDO O QUE ELA TINHA DE MELHOR.

Dê o seu melhor, faça tudo o que puder pela sua carreira e por você, e temos certeza de que conseguirá conquistar seus objetivos na vida.

Um abraço, muito Obrigado e até qualquer dia, se Deus quiser!

— César Frazão e Franco Junior

Acesse e veja o conteúdo extra exclusivo deste capítulo:

REFERÊNCIAS BIBLIOGRÁFICAS

JUNIOR, Franco. *Apostila e Curso de Comunicação Verbal.*

LOPES, Edílson. *Uma Palestra É Uma Missão.* Editora Literare Books, 2018.

Manual de Vendas da Sono Quality (site de venda de colchões).

UEDA, Edgar. *Kintsugi.* Editora Citadel, 2018.

TREVISAN, Pedro Lauro. *O Poder Infinito da Mente.* Editora da Mente, 1980.

DUARTE, Nancy. Harvard Businnes Review. *Apresentações Convincentes.* Editora Sextante, 2018.

Este livro foi impresso nas oficinas gráficas da Editora Vozes Ltda.,
Rua Frei Luís, 100 – Petrópolis, RJ.